Verena Reiner

DIE SCHÖNSTEN LOCATIONS

SCHEUNE, SCHLOSS UND GAUMENSCHMAUS

Feste feiern in und um München

J. BERG

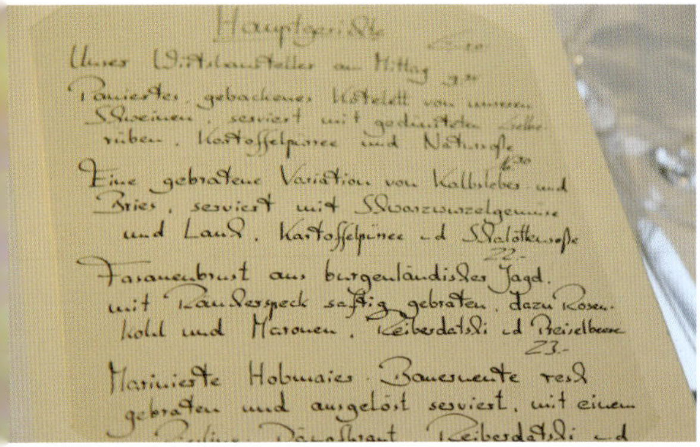

Die Speisekarte ist viel versprechend

Inhalt

Norden

Osten

Eigentlich viel zu schön, um es zu verspeisen

Am Ufer des Tegernsees lässt es sich gut feiern und die Aussicht in die Berge genießen

Ein Herzluftballon für das Brautpaar

Westen

Scheune, Schloss und Gaumenschmaus

Vorhergehende Doppelseite: Farbenfroher Sektempfang in der Blumenidylle von Gut Sonnenhausen

Die schönsten Orte, um Feste zu feiern

Eigentlich dürfte es dieses Buch gar nicht geben: Denn je mehr Leute es lesen, desto weniger gut gehütete Geheimtipps gibt es noch und – desto größer wird auch der Ansturm sein. Schon jetzt gibt es Lokale, die Sie für eine Hochzeit in den Sommermonaten fast ein Jahr im Voraus buchen müssen. Eigentlich ein Wahnsinn – und doch verständlich. Denn eine Location für ein Fest rund um München zu finden, kann sich als unendlich mühsam herausstellen. Schuld daran sind nicht zuletzt unsere oft allzu genauen Wünsche und Vorstellungen: Unsere Hochzeit soll am liebsten in einem Schloss direkt am See, mit großem Park, Feuerwerk, Gästezimmern und Gourmetküche stattfinden … und das alles zu einem bezahlbaren Preis. Und auch Geschäftsleute stehen regelmäßig vor der Frage, wo es noch neue, außergewöhnliche Orte für Incentives oder Weihnachtsfeiern gibt – und am besten noch solche, die keiner kennt. Doch woher wissen?

Eine weiße Taube für das Brautpaar – ein Symbol für Liebe, Glück und Frieden

Klar, in Zeiten des Internets ist alles einfacher geworden. Auf Hochzeitswebseiten werden schöne Plätze empfohlen, Firmen können in Online-Datenbanken nach Tagungshotels suchen, fast alle Anbieter haben eine eigene Webseite. Und trotzdem: Den ganz eigenen passenden Ort zu finden ist immer noch ein aufwendiger Prozess. Natürlich gibt es auch Eventagenturen und Weddingplaner, aber die verlangen Geld und müssen nicht unbedingt den richtigen Tipp parat haben.

Und so entstand auch die Idee für dieses Buch: Vor acht Jahren suchte ich für unsere Hochzeit monatelang nach einem passenden Ort. Um den Überblick nicht zu verlieren, hielt ich meine Recherche-Ergebnisse in einer Datei fest. Im Laufe der Jahre ist diese Datei immer größer geworden: Freunde haben geheiratet, der eigene Arbeitgeber hat eine Party gefeiert, unsre Kinder wurden getauft, und auf Wochenendausflügen entdeckten wir so manche Schätze. Und immer mehr Freunde und Bekannte wollten eine Empfehlung von mir haben.

Scheune, Schloss und Gaumenschmaus

In diesem Buch stellen wir Ihnen die 50 schönsten Locations für Hochzeiten, Geburtstage und Firmenevents in und um München vor. Von der urigen Zirbelstube bis zum Gourmetrestaurant, von der Berghütte bis zum Schloss am See ist alles dabei. Dazu kommen herrliche Fotos, die Lust aufs Feiern machen.

So romantisch kann heiraten sein – zwei Verliebte in ländlicher Idylle.

Wie finde ich die passende Location?

Selbst mit einer Auswahl von 50 verschiedenen Vorschlägen bleibt immer noch die Frage, welcher nun der passende für einen selbst ist. Leider muss ich Sie hier enttäuschen: Ein Raster, nach dem Sie den perfekten Ort für sich finden können, gibt es nicht. Denn selbst wenn Sie sich in den Kopf gesetzt haben, in einem Hotel oder in einer Fabrikhalle zu feiern, entdecken Sie vielleicht beim Stöbern auf einmal einen wunderschönen Saal ohne Übernachtungsmöglichkeiten oder einen Gutshof. Bleiben Sie nicht an Ihren Wünschen kleben, sondern offen für Überraschungen. Wenn Sie auf einmal anfangen zu träumen und sich Ihr Fest dort ausmalen, dann ist es Ihr Platz zum Feiern. Und vielleicht wussten Sie gar nicht, dass es selbst in München eine kleine Almhütte gibt.

Leider müssen viele Locations zwischen Mitte Mai und Mitte August ein Jahr im Voraus gebucht werden. Wer zu spät kommt, aber unbedingt im Sommer heiraten will, kann z. B. auf den Freitag oder Sonntag ausweichen oder sich auf eine Warteliste setzen lassen – denn es kommt immer wieder vor, dass Brautpaare ihre Hochzeitsfeier absagen. Oder: Sie weichen auf die ruhigere Jahreszeit aus – können dann in ihrer Lieblings-Location feiern und sind vielleicht gelassener, weil sie nicht auf schönes Wetter bei der Trauung im Freien angewiesen sind.

Hotel, Restaurant – oder mit eigenem Caterer

In welchem Rahmen wollen Sie feiern und wie viele Personen erwarten Sie zu Ihrer Party? Wollen Sie Ihr Fest in einem Hotel oder Restaurant begehen oder würden Sie lieber einen Saal mit Caterer buchen?

Hotels und Restaurants bieten den Vorteil, dass häufig keine Saalmiete, keine Personalkosten und manchmal auch kein Mindestum-

Angeregte Gespräche bei einem Glas guten Rotwein

satz verlangt werden. Gleichzeitig entfällt bei einer Feier im Hotel die Suche nach Übernachtungsmöglichkeiten für Sie und Ihre Gäste. Und: Der organisatorische Aufwand hält sich meist in Grenzen.
Es gibt übrigens einige Locations wie das Kloster Seeon oder die SonnenAlm, die Brautpaaren ein Komplettangebot bieten: Standesamtlich heiraten, die kirchliche Trauung, feiern und übernachten. Doch ein alter Stadl, ein Gewölbekeller oder ein Schloss haben oft mehr Flair und bieten mehr Gestaltungsmöglichkeiten. Doch dann fehlt dort häufig die Bewirtung. Manche Räume bedürfen sogar noch der Organisation von Ausstattung oder Mobiliar wie Tische, Stühle, Geschirr etc. Der Caterer wird sich um alles kümmern, doch der Mehraufwand spiegelt sich oft auch im Preis wider.
In diesem Buch empfehlen wir keine Caterer – denn das ist ein ganz anderes Thema. Am besten, Sie lassen sich von den Ansprechpartnern Ihrer Wunschadresse einige Anbieter empfehlen oder vorschlagen, mit denen die Besitzer und Gäste gute Erfahrungen gemacht haben.

Preis

Wie viel sind Sie bereit zu zahlen? Nicht erschrecken, die Preise für ein rauschendes Fest sind hoch. Eine Hochzeit mit 70 Personen kostet im eher günstigen Fall 7000 Euro. Wer exklusiv in einem schönen alten Gutshof mit rund 120 Gästen feiern will, kommt schnell auf 17 000 Euro. Bei konkretem Interesse an einer Location sollten Sie also unbedingt den Vermieter nach einer kompletten Liste aller Einzelkosten fragen und sich informieren, welche Leistungen und Gegenstände in der Miete inbegriffen sind. Sie werden staunen, für was man alles noch Geld verlangen kann: Hussen, Stehtische, Beleuchtung, Tanzfläche, Klavier, Feuerwehrpersonal, separate Räume für Caterer, Abfallentsorgung …

Küche

Sparen Sie bitte nicht an der falschen Stelle! Immer wieder hört man von Leuten, die einen teuren Saal mieten, aber nur 20 Euro pro Person für das Essen ausgeben wollen. Schade, denn ein schlechter Schweinebraten kann einen noch so schönen Abend vermiesen! Wählen Sie also lieber ein Restaurant oder einen Caterer mit gutem Koch (vielleicht sogar einen Haubenkoch) aus – Ihre Gäste werden es Ihnen ewig danken. Und das Interessante: Ein gelungenes Essen muss nicht immer teuer sein! Den Preis können Sie zum Beispiel reduzieren, indem Sie beim Menü oder Buffet keinen Fisch in der Vorspeise wählen oder das Nachtischbuffet selbst mitbringen. Vielerorts ist es auch möglich, dass Sie den Wein besorgen und im Restaurant oder beim Caterer nur Korkgeld bezahlen.

Auswahlkriterien

Das Buch legt keinen Wert auf Vollständigkeit. Es ist bewusst subjektiv gehalten und orientiert sich nicht an klangvollen Namen oder verliehenen Kochlöffeln. Klar haben wir einige Klassiker mit aufgenommen. Wichtig war mir aber, dass alle Orte auf ihre Art speziell und besonders sind – und so unterschiedlich und vielfältig wie die Bedürfnisse der Leser. Keine Location durfte sich »einkaufen«. Alle 50 wurden von mir als Autorin persönlich besichtigt. Dabei habe ich versucht, überall jemanden zu finden, der dort gefeiert hat, und ihn zu Wort kommen lassen.
Für jeden Wunsch und Geldbeutel sollte etwas Passendes dabei sein: rustikal, bayerisch, edel, teuer, groß, klein, mit Industriefeeling oder im Landhausstil, mitten in der Stadt, am See, auf dem Berg, eine Neueröffnung oder ein Geheimtipp.

Weitere Hinweise

Die 50 Locations, die wir Ihnen in diesem Buch vorstellen, reichen Ihnen nicht aus? Kein Problem – ab Seite 128 finden Sie weitere schöne Orte zum Feste feiern. Sie wollen unbedingt eine Gourmetküche, in den Bergen feiern oder eine Location, die kinderfreundlich ist? Auf den Seiten 138 und 139 haben wir die Locations nach verschiedenen Stichwörtern kategorisiert.

Ich bin gespannt auf Ihre Reaktionen.

Viel Freude beim Feiern!
Ihre Verena Reiner

Voll im Trend – der Feuerkorb

Eine schöne Idee: Luftballons mit angehängten Postkarten werden in den Himmel geschickt – mal schauen, welche Karte zurückkommt und wie weit der Ballon geflogen ist.

Technische Hinweise

Personenzahl: Zu jeder Location wird aufgeführt, für welche Personenzahl sich die jeweiligen Räumlichkeiten eignen. Diese Angaben beziehen sich auf Bankettbestuhlung, also Personen an Tischen, und nicht auf Stehempfänge oder Konzertbestuhlung. Der Platz für die Band oder die Tanzfläche muss gelegentlich noch einberechnet werden – die Anzahl der Personen, die in den Raum passen, verringert sich dann.

Preise: In diesem Buch werden Preise für die Saalmiete oder den Mindestumsatz genannt. Es kann sein, dass sich diese seit Redaktionsschluss (April 2008) geändert haben. Achten Sie bitte auf den Hinweis, ob sich die Preise netto oder brutto verstehen. Denn bei höheren Beträgen kann das einige hundert Euro ausmachen.
Zusätzlich zur Miete kommt es häufig vor, dass noch weitere Kosten auf Sie zukommen, die hier nicht alle aufgeführt werden können (Hussen, Stehtische, Beleuchtung, Tanzfläche, Klavier, Feuerwehrpersonal, separate Räume für Caterer, Abfallentsorgung …).

Mindestumsatz: Der Mindestumsatz ist keine Miete, sondern beschreibt den Preis, der mit Getränken und Essen bei einer Feier mindestens umgesetzt werden muss. Wenn das nicht der Fall ist, wird er dennoch berechnet.

Sperrstunde: In ganz Bayern dürfen Gaststätten seit dem Jahr 2005 und der Lockerung der Sperrzeitenverordnung bis 5 Uhr offen haben. Von 5 bis 6 Uhr gilt die gesetzlich geregelte Putzstunde. Doch viele Locations haben aus Rücksicht auf ihre Mitarbeiter, Nachbarn oder Hotelgäste eine hauseigene Sperrstunde eingerichtet. Immer wieder finden Sie den Hinweis »Sperrstunde kann verkürzt werden« – das bedeutet, dass die Zeit, in der die Location in der Nacht geschlossen ist, verkürzt wird. Konkret, statt bis 1 Uhr kann die Feier dann z. B. bis 3 Uhr dauern.

Ohne Gewähr: Leider können wir nicht gewähren, dass alle Angaben noch stimmen, wenn Sie das Buch in der Hand haben. Durch einen Pächterwechsel, neuen Koch oder eine Renovierung kann es zu Änderungen im Ambiente, bei den Preisen und auch bei der Qualität kommen. Überzeugen Sie sich also auf jeden Fall vor Ort, ob die Location Ihren Wünschen und Vorstellungen entspricht.

Night of Stars

ERDINGER
WEISSBRÄU

Stadt München

1 Langwieder See
Seeblick ohne Schickeria

Romantische Abendstimmung am Seeufer

Vorhergehende Doppelseite: Lenbach – feiern mit Weltstadt-Ambiente

Im Naherholungsgebiet »Langwieder Seenplatte« im Nordwesten Münchens liegt direkt am Seeufer dieses freundliche Hotel mit Restaurant und Biergarten.

In den 1930er-Jahren war das Hotel und Restaurant Langwieder See mal ein Rasthaus, eines der ältesten in Deutschland, denn das Haus liegt nur wenige hundert Meter von der A 8 Stuttgart-München Ausfahrt Langwied entfernt. Doch vor zehn Jahren haben Jana Mendel-Ingeduld und Martin Ingeduld das Areal übernommen und in ein idyllisches Fleckchen verwandelt. An der Hauswand wachsen Weintrauben, neben ganz normalen Biertischen stehen auch drei Strandkörbe auf der Terrasse, und wer durch den ziegelroten Rundbogen in den Rosengarten geht, fühlt sich fast wie in mediterranen Gefilden.
Unschlagbar ist aber vor allem die Lage: Das Restaurant und der Biergarten liegen direkt am Ufer. Dort ein kühles Kaltenberger zu trinken, Stockenten und Ruderbooten nachzuschauen und zu warten, bis über dem Wasser die Sonne untergeht – das ist einfach wie Urlaub. Von den fernen Motorgeräuschen der Autobahn lassen sich die wenigsten abschrecken. Hier geht's ruhiger zu als am Seehaus im Englischen Garten – und mit weitaus weniger Schickimicki.
Das gemütliche Kaminzimmer wurde gerade zu einem Ballsaal vergrößert. Das moderne Seestüberl mit seinen großen bodentiefen Fenstern wird gern für Familienfeste oder Geburtstage gebucht. Größere Hochzeiten steigen im Seepavillon, einer Art Wintergarten, der mit Zeltanbau bis zu 125 Personen fasst. Hier fühlt man sich wie im Freien, alle können den See überblicken und wenn abends langsam die Sonne untergeht, ändert sich die Stimmung fast jede Minute.

■ Anschrift
Langwieder See – Hotel, Restaurant, Biergarten
Kreuzkapellenstr. 89
81249 München
Tel.: 089/86 48 60
www.hotel-langwieder-see.de

■ Räumlichkeiten
Seestüberl: bis 40 Personen
Kaminzimmer: bis 65 Personen
Seepavillon mit Zelt: bis 125 Personen

■ Küche
Bayerische Küche mit mediterranem Einschlag

■ Preise
Mindestpersonenzahl im Seepavillon 75 Pers., ansonsten 650 Euro brutto

■ Übernachtungsmöglichkeiten
Hotel mit 34 Zimmern; EZ 73 Euro, DZ 95 Euro; nur Nichtraucher

■ Sonstiges
Bademöglichkeit; Spielplatz; großes Spielzimmer im Haus

Bei schönem Wetter werden Aperitif und Kaffee auf der Seeterrasse oder im Rosengarten serviert. Wer in der Familie Tanten und Omas hat, die gerne backen, darf gegen ein Gabelgeld eigene Torten und Kuchen mitbringen. Am Abend gibt's dann entweder Barbecue im Garten mit Scampi-Spießen, marinierten Rindersteaks, Kräuterdips und Baked Potatoes. Beliebt ist auch das italienische Büffet mit fein gefüllten Kalbsröllchen, frischem Spinat mit Pecorino und Brotsalat mit roten Zwiebeln. Dazu wird ein guter Tropfen aus dem vorwiegend mit italienischen Weinen bestückten Keller gereicht.

Wie wäre es mit einem Feuerwerk über dem See, weißen Hochzeitstauben, einer Brautentführung per Boot oder einer Schnitzeljagd? Das Ehepaar Ingeduld macht fast alles möglich. Im Hotel gibt es 34 Zimmer für alle, die nach einer feucht-fröhlichen Nacht nicht mehr nach Hause fahren wollen. Und in der Suite darf sich das Brautpaar nach so einem Tag noch in einem Whirlpool oder unter der Regenwalddusche entspannen.

Oben: Ein heller schöner Raum für größere Gesellschaften – der Seepavillon

Unten: Frisch und fruchtig

2 Botanikum

Eine exotische Oase mitten in München

Verweilen in der grünen Oase unter bunten Sonnenschirmen

In den Gewächshäusern steigen coole Partys und schicke Hochzeiten – inmitten von Palmen, Bambus und Zitronenbäumen. Eine Atmosphäre fast wie im Dschungel.

Im Münchner Nordwesten im Stadtteil Moosach versteckt sich das Botanikum. Früher war es mal eine Gärtnerei, doch als sie fast pleiteging, hatte ihr Besitzer Heinrich Bunzel eine Idee für neues Leben unterm Glas. Er fing an, Pflanzen zum Beispiel an Filmproduktionen zu vermieten und zu überwintern. Aus einem der Gewächshäuser machte er ein Theaterhaus, aus dem alten Kesselhaus das Palmenhaus. Heute werden die Glashäuser für Geburtstagsfeiern, Hochzeiten, Produktpräsentationen, Seminare und Partys vermietet. Selbst schicke Gesellschaften kommen gern hierher. Denn eine Feier im Botanikum vergisst man nicht so schnell: Das Ambiente ist ungewöhnlich und exotisch.

Überall stehen in großen Kübeln riesige Oleander, Zitronenbäume, in den Gewächshäusern ranken sich Äste und Zweige endlos empor und kitzeln die Besucher im Nacken. Draußen vor der Tür laden Sofas aus Gras zum Hineinlümmeln ein. Im Sommer, wenn ein laues Lüftchen weht, trinkt man seinen Cocktail im Liegestuhl neben einem Olivenbaum. Die brütende Hitze im Sommer darf einem allerdings nichts ausmachen – denn in den Glashäusern kann es bekanntlich richtig heiß werden. Die Pflanzen mögen's und blühen und gedeihen. Und wir fühlen uns wie in der Karibik.

Auf den ersten Blick sieht es im Botanikum etwas verwildert und ungepflegt aus, aber das gehört dazu. Es wuchert gezielt und zufällig. Und abends, wenn alles beleuchtet ist und die Kerzen brennen, sieht das eh keiner mehr.

■ Anschrift
Botanikum
Feldmochingerstr. 79
80993 München
Tel.: 089/141 17 15
www.botanikum.de

■ Räumlichkeiten
Palmenhaus: 70–100 Personen
Theaterhaus: 160–200 Personen

■ Küche
Freie Wahl des Caterers, Arbeitsraum mit Strom und Wasseranschluss vorhanden

■ Preise
Palmenhaus: 950 Euro netto
Theaterhaus: 2000 Euro netto; inkl. Endreinigung, Bestuhlung, Bar, Musikanlage

■ Übernachtungsmöglichkeiten
Keine; einige Hotels in der Nähe

■ Sperrstunde
3 Uhr

■ Sonstiges
Musik darf 92 dB nicht überschreiten, d. h. Live-Musik ohne Verstärker nur bis 22 Uhr möglich, anschließend unplugged oder Musikanlage

Exotik pur bei einer Geburtstagsfeier im Theaterhaus

Jeder kann hier auf seine Art feiern: relaxed im Liegestuhl oder schick mit Stehtischen und Hussen unter bunten Sonnenschirmen – ob mit Caterer oder selbst gekocht. Gutbürgerliche Menschen feiern ihren 60. Geburtstag, es kommt aber auch vor, dass die Hochzeitskutsche aus zwei Harley-Davidson-Maschinen besteht und die Braut wie eine Motorradbraut aussieht. Steif und kompliziert ist hier nichts. Der Besitzer Heinrich Bunzel ist selbst ein Lebenskünstler, trägt Sonnenbrille mit orangefarbenen Gläsern und das Hemd offen. LandArt nennt sich seine Richtung: Er gestaltet großformatige Landschaftsflächen mit in der Natur vorkommenden Stoffen und Elementen. Kunst, die vor allem Vögel und Fluggäste bewundern können. Und so hat er die anderen Glashäuser auch an rund 40 Künstler, Architekten und Fotografen vermietet. Das Botanikum, eine Welt aus Glas, ein Kunst-Biotop und Dschungel mitten in München.

Übrigens gibt es im Münchner Süden eine ähnliche Location für gehobenere Ansprüche: »Die Alte Gärtnerei« (siehe Weitere Locations, S. 128).

3 Pelkovenschlössl

Ein Schlösschen in einem der ältesten Stadtviertel Münchens

Schlichter bunter Festsaal im Erdgeschoss

Feiern im Schloss muss nicht immer teuer und königlich sein: Im kleinen Hofmarkschloss von 1690 können die Räumlichkeiten ganz nach eigenen Wünschen gestaltet und genutzt werden.

Mitten im Münchner Stadtviertel Moosach liegt das wunderschöne Pelkovenschlössl, in dem viele Konzerte, Ausstellungen und Vereinstreffen stattfinden. Das alte Hofmarkschloss wurde 1690 erbaut und steht auf dem ruhigen, autofreien St.-Martins-Platz, umgeben von Rosen, Kastanien und kleinen Kieswegen. Eine schöne, alte katholische Kirche ist gleich gegenüber. Drinnen erinnert nicht mehr viel an alte Zeiten: Die zwei Räume sind modern und schlicht, mit hellem Parkettboden, orangefarbenen modernen Bildern im Erdgeschoss und terracottafarbenen Wänden im 1. Stock.

Viele fleißige Helfer vom Moosacher Gesamtverein haben das verfallene Schlösschen renoviert und ein Kultur- und Bürgerhaus entstehen lassen. Erst 2004 wurde es eröffnet und wird seitdem von Vereinen rege genutzt. Vorher ging das Moosacher Schlösschen durch viele unterschiedliche Hände. Nach der Erbauung durch die Familie Pelkoven wurde hier, nach einigen Eigentümerwechseln, das zweite Wirtshaus Moosachs eröffnet. Später zog eine Gärtnerei ein, dann eine Schule, die evangelische Kirche nutzte die Räume für den Kindergottesdienst und auch Wohnungen wurden vermietet.

Bis 1981 die Moosacher Vereine sich zum »Gesamtverein Moosach e.V.« zusammentaten, um gemeinsam für ein Bürgerhaus zu kämpfen.

Die Räumlichkeiten für bis zu 90 Personen werden zu einem günstigen Preis vermietet. Jeder kann den Raum nach eigenen Wünschen gestalten. Tische und Stühle stehen gestapelt zur Nutzung parat und die komplett

■ Anschrift
Kultur- und Bürgerhaus Pelkovenschlössl
Moosacher St.-Martins-Platz 2
80992 München
Tel.: 089/14 33 81 80
www.pelkovenschloessl.de

■ Räumlichkeiten
Saal im EG und 1. Stock jeweils bis 90 Personen

■ Küche
Freie Wahl des Caterers; alkoholfreie Getränke und Bier müssen abgenommen werden

■ Preise
Miete inkl. Endreinigung und Küchenbenutzung: 200 bis 400 Euro

■ Übernachtungsmöglichkeiten
Keine; Hotels und Privatzimmer in unmittelbarer Nähe

■ Sperrstunde
Keine

■ Sonstiges
Katholische Alte St.-Martins-Kirche direkt nebenan; große Terrasse kann für Stehempfang genutzt werden.

Vor dem Schlösschen: duftende Rosen, kein Autoverkehr und bayerische Blasmusik

mit Geschirr und Gläsern, Geschirrspülmaschine und Herd ausgestattete Küche ist frei verfügbar. Wer möchte, kann sich hier selbst versorgen – nur die alkoholfreien Getränke und das Bier müssen abgenommen werden.

Gern genutzt wird die Möglichkeit, sich gleich nebenan in der ältesten romanischen Kirche Münchens trauen zu lassen oder Taufe zu feiern. Vielleicht, weil der Segen in der Alten St.-Martins-Kirche besonders groß ist: Denn hier trat 1945 der heutige Papst Benedikt XVI. sein erstes Priesteramt an.

Nach dem Gottesdienst wandert die Festgesellschaft dann ein paar Schritte über den Platz zur großen, schönen Terrasse vor dem Schlösschen. Das Fest kann beginnen: Umgeben von roten Rosen gibt es Häppchen, Kaffee und Kuchen und im Hintergrund spielt Blasmusik. Und nicht vergessen: Wir sind mitten in München!

4 Schlosscafé im Palmenhaus

Ein Glashaus mit Orchideen und Palmen

Beliebtes Café im Nymphenburger Schlosspark – das Palmenhaus

Das ehemalige Gewächshaus im Nymphenburger Schlosspark beherbergt heute ein Schlosscafé mit einer großen Gartenterrasse. Genau richtig zum Lustwandeln, Spielen und Fotografieren.

Die Lage ist beeindruckend: Das Schlosscafé im Palmenhaus liegt mitten im berühmten Barockgarten des Schlossparks Nymphenburg etwas versteckt hinter Hecken. Im Sommer flanieren die Münchner mit Kind und Kegel durch »ihren« Park und Hunderte von Japanern und Amerikanern fotografieren sich vor den Wassergräben und Statuen. Wer ausländischen Gästen also eine besondere Atmosphäre bieten möchte, ist im Schlosscafé gut aufgehoben.

1820 errichtet, war das Schlosscafé eines von drei Gewächshäusern von König Max I. Es diente als Überwinterungsplatz für exotische Pflanzen und hatte zu diesem Zweck auch Deutschlands erste Warmwasserheizung. Damit so viel Licht wie möglich einfällt, hat der Baumeister vorne eine sieben Meter hohe Glasfront und nach hinten eine im Viertelkreis gewölbte, bis zum Boden reichende Decke gebaut.

Noch heute schmücken Palmen und Orchideen den Raum – aber nur als Dekoration und nicht mehr zu botanischen Zwecken. Als exotisch kann man die Atmosphäre des Palmenhauses nicht bezeichnen – eher als elegant und etwas altmodisch.

Vom Schnitt ist das Palmenhaus ein länglicher Schlauch, eine Glastüre trennt das kleinere Hauptlokal vom großzügigen Saal »Zur schönen Münchnerin«. Wer hier feiert, hat das gesamte Palmenhaus für sich. Je nach Bestuhlung können alle Gäste den Blick durch die großen Glasscheiben in den Park genießen. Ein paar Kerzen auf dem Tisch, schöne goldfarbene Hussen an den

■ Anschrift
Schlosscafé im Palmenhaus
Schloss Nymphenburg
Eingang 43
80638 München
Tel.: 089/17 53 09
www.palmenhaus.de

■ Räumlichkeiten
Saal zur Schönen Münchnerin: 150 Personen
Hauptlokal: 90 Personen
Große Terrasse

■ Küche
Internationale Küche (u. a. südamerikanisch, karibisch, orientalisch, asiatisch)

■ Preise
Mindestumsatz bei Exklusivität: 3000 Euro netto

■ Übernachtungsmöglichkeiten
Keine; Hotel und Pension in der Nähe

■ Sperrstunde
2 Uhr

■ Sonstiges
kein offenes Feuer; Kinderspielplatz soll 2008 gebaut werden; Schloss- und Schlossparkführungen können organisiert werden.

Stühlen – mehr Dekoration braucht es im Palmenhaus nicht: Die vielen Pflanzen und der Ausblick reichen völlig aus.

Tafeln an elegant gedeckten Tischen

Pächter des Schlosscafés ist die traditionelle Münchner Gastronomiefamilie Schmidbauer, die auf dem Münchner Oktoberfest auch das zweitälteste Festzelt, die »Hühner- und Entenbraterei Ammer« betreibt. Kulinarisch gehen die Veranstalter gern auf die Wünsche ihrer Gäste ein: Serviert werden mediterrane, südamerikanische, karibische, orientalische, asiatische, aber natürlich auch bayerische Gerichte: geschmortes Milchzicklein mit Bärlauchpesto, Spanferkelkotelett mit Weißbiersoße, gebackene Bananen mit Mango-Eis oder den Schlager der Küche: Hausgemachter Kaiserschmarrn mit karamellisierten Apfelspalten und Mandeln (3-Gänge-Menü ab 28 Euro). Dem Ort entsprechend gibt es auch ein höfisches Menü. Empfangen werden die festlich gekleideten Gäste auf der schönen Terrasse mit einem Neuschwanstein-Cocktail – ein Fruchtpunsch mit einem herzhaft gefüllten Schwan aus Brandteig.

5 Hubertussaal im Nymphenburger Schloss

Exklusiv feiern in königlichen Gemächern

Das Nymphenburger Schloss ist eines der schönsten Schlösser weltweit.

Hier feiert es sich aristokratisch, stilvoll und edel. Der Hubertussaal, die barocke Schlossanlage und der Park sind eine traumhafte Kulisse für Familienfeste, Hochzeiten und Firmenfeiern.

Edler und exquisiter geht es kaum in München. Im nördlichen Flügel der Schlossanlagen Nymphenburg befindet sich der prachtvolle historische Hubertussaal, der ehemalige Konzert- und Theatersaal der Wittelsbacher. Dank großzügiger Spenden und der Hilfe seiner königlichen Hoheit Herzog Franz von Bayern wurde der Saal umfangreich renoviert, 2003 waren die Umbauten fertig. Jetzt erstrahlt er wunderschön alt und modern zugleich: an den Wänden schilfgrüne Seide mit Weißgoldrahmen, edler Versailler Parkettboden, luxuriöse Leuchter und Glaslüster werden ergänzt durch Fußbodenheizung, Klimaanlage und eine moderne Beschallungsanlage.

Wer hier feiert, sitzt nicht nur unter dem gleichen Dach wie Herzog Franz von Bayern, sondern auch unter dem Porträt von Kurfürst Maximilian III. Joseph von Bayern. Seinen Namen hat der Hubertussaal übrigens von seiner Einweihung am 3. November 1757. Anlässlich der »Hubertus-Jagd« wurde hier im Konzert- und Theatersaal festlich getafelt.

Früher fuhr man mit Kutsche in den Innenhof. Heute trinken die Festgäste ihren Champagner auf dem Vorplatz bei den Schwänen.

■ Anschrift
Schloss Nymphenburg
80638 München

■ Information und Reservierung
INK (Institut für Internationales Kulturmanagement) GmbH
Herr Prof. Dr. Eckard Heintz
Schloss Nymphenburg, Eingang 19
80638 München
Tel.: 089/17 90 86 10 bzw. -11
www.hubertussaal.de

■ Räumlichkeiten
Hubertussaal: bis 220 Personen
Orangeriesaal: Stehempfang 200 Personen,
Bankett: 90 Personen
Stehempfang vor dem Schloss oder im Innenhof möglich

■ Küche
Liste akkreditierter Caterer; moderner Küchentrakt vorhanden

■ Preise
Nettoraummiete:
Hubertussaal: 4900 Euro, Orangeriesaal: 1900 Euro
Einige Zusatzkosten, u. a. Bewirtschaftungsentgelt in Höhe von 13 Prozent des Nettoumsatzes, müssen an die Schloss- und Gartenverwaltung Nymphenburg abgeführt werden.

■ Übernachtungsmöglichkeiten
Keine; Hotel und Pension in der Nähe

■ Sperrstunde
0 Uhr; anschließend weitere Kosten

■ Sonstiges
Kein offenes Feuer; Rauchverbot in den Räumen; moderne Beschallungsanlage, Mikrofon und Bühne vorhanden

Im Schloss selbst werden die Feiernden im Foyer von zwei übergroßen Statuen, dem Halbgott Herkules und der Göttin Athene begrüßt. Bei Sonnenschein flanieren die einen gern durch die barocke Schlossanlage und den Park. Andere machen es sich auf einer Bank im Innenhof gemütlich und bestaunen die vier Meter hohe Wasserfontäne. Bei schlechtem Wetter oder im Winter kann der Empfang auch im lang gestreckten Orangeriesaal im Erdgeschoss stattfinden.
Billig sind die historischen Räume natürlich nicht: Zusätzlich zur satten Grundmiete kommen noch Zusatzkosten etwa für Einlass- und Aufsichtspersonal hinzu. Für Essen und Trinken darf aus einer Liste von acht verschiedenen Caterern der eher gehobenen Sorte gewählt werden. 13 Prozent des Nettoumsatzes mit dem Cateringunternehmen müssen dann noch zusätzlich als Bewirtschaftungsentgelt an die Schloss- und Gartenverwaltung Nymphenburg abgeführt werden.
Für einen reibungslosen Ablauf sorgt im Hintergrund die gute Seele des Schlosses: Hausmeister Binschek kennt jede Ecke und hat jede Menge Anekdoten parat. Eigentlich sollte er schon im Ruhestand sein, doch weil er so gut für »seine« Räume sorgt, die Gäste und Caterer professionell betreut und gute Laune verbreitet, stellt er immer noch Stühle auf und schaltet am Abend das Licht aus.

Oben: Galadinner im ehemaligen Konzert- und Theatersaal der Wittelsbacher

Unten: Festlicher Empfang auf dem Vorplatz

6 Schloss Blutenburg

Grüne Oase für Liebespaare und Geburtstagskinder

Wunderschön am Schlossweiher liegt das ehemalige Jagdschloss

Das ehemalige Jagdschloss liegt idyllisch an der Würm im Westen von München. In der Schlossanlage, in der heute die Internationale Jugendbibliothek untergebracht ist, gibt es diverse Säle.

Schloss Blutenburg wirkt wie ein Relikt aus ferner Vergangenheit. Die ehemalige Wasserburg an der Würm sieht in weiten Teilen aus wie vor 500 Jahren und liegt abgeschieden und idyllisch am Schlossweiher in einem großen Park. Einst war es von München nach Menzing eine Tagesreise. Die Wälder rund um die Blutenburg galten als ideales Jagdrevier, aber zu den Leidenschaften des Bauherren Herzog Albrecht III. zählten auch die Frauen. Und so war das Schloss Blutenburg auch als Lustschlösschen und Liebesnest bekannt. Heute lagert unter dem Schlosshof ein weltweit einzigartiger Schatz an internationaler Kinder- und Jugendliteratur. Denn seit 1983 ist in Schloss Blutenburg die Internationale Jugendbibliothek untergebracht.

Für das leibliche Wohl sorgt die urige Schlossschänke, die sommers wie winters zu einem gemütlichen Kaffeepäuschen auf der Seeterrasse oder zu bayerisch-italienischen Gerichten am Kachelofen und in den diversen Sälen des Schlosses einlädt (3-Gänge-Menü ab 23 Euro, Buffet ab 31 Euro).

Der Christa-Spangenberg-Saal im ersten Stock mit Blick auf Weiher und Innenhof ist hell und freundlich. Schlicht eingerichtet, mit Steinfußboden und vielen Fenstern eignet er sich für Geburtstage und kleinere Hochzeiten. Für größere Gesellschaften ist der Jella-Lepman-Saal unterm Dach optimal: modern, mit schönem, offenem Holzdachstuhl und Parkettboden. Leider darf man aus statischen Gründen

■ Anschrift
Schloss Blutenburg
Internationale Jugendbibliothek
81247 München
Tel.: 089/891 21 10
www.ijb.de
www.blutenburg.de
www.schlossschaenke-blutenburg.de

■ Räumlichkeiten
Jella-Lepman-Saal: bis 140 Personen
Christa-Spangenberg-Saal: bis 60 Personen
Gewölbekeller: bis 45 Personen
Terrasse am See, Innenhof

■ Küche
Schlossschänke Blutenburg

■ Preise
Jella-Lepman-Saal: 680 Euro brutto,
Jella-Lepman-Saal mit Walter-Trier-Galerie: 820 Euro brutto
Christa-Spangenberg-Saal: 295 Euro brutto
Gewölbekeller mit Foyer: 185 Euro brutto
Schlosshof auf Anfrage

■ Übernachtungsmöglichkeiten
Keine; einige Hotels in der Nähe

■ Sperrstunde
1 Uhr

■ Sonstiges
Kein offenes Feuer; Schlosskapelle Blutenburg auf dem Gelände

Eingedeckt für einen runden Geburtstag im Christa-Spangenberg-Saal

hier nicht tanzen. Wer lieber einem Ritter in die Augen schauen möchte und romantisches Kerzenlicht liebt, kann im Herrenhaus in einem ursprünglichen Gewölbekeller feiern. In diesem Herrenhaus gibt es noch Mauerreste des mittelalterlichen Vorgängerbaus aus dem 12. und 13. Jahrhundert.

Was alle Räumlichkeiten gemeinsam haben: Man ist unter sich. Es kann natürlich vorkommen, dass mehrere Feiern gleichzeitig auf dem Schlossgelände stattfinden, aber die Räume liegen voneinander getrennt. Die spätgotische Schlosskapelle auf dem Gelände ist bei Taufen und Trauungen beliebt. Im Anschluss an die Zeremonie wird unter der Schatten spendenden Linde im Schlosshof der Sekt gereicht. Die einen genießen einfach das Ambiente, die anderen vertreten sich bei einem Spaziergang zu den Karpfen, Enten und Schwänen rund um den Schlossweiher die Beine. Schloss Blutenburg ist ein idyllischer Ort und auch für kleine Familienfeiern wie Geburtstage oder Konfirmationen wunderbar geeignet.

7 Villa Flora

Kunterbunt und vielfältig

Italienisches Buffet im gelben Salon

Die Villa Flora ist eine unkonventionelle Location. Die kleinen, farbenfrohen Zimmer versprühen muntere Atmosphäre. Das große Atrium bietet ein luftiges Ambiente für Feiern bis 120 Personen.

Die Villa Flora in Untersendling ist eine »Erlebnisgastronomie« – so nennt sie sich zumindest selbst. In dem Lokal mit Biergarten und Terrasse gibt es Sonntagsbrunch, preiswerten Mittagstisch, Late-Night-Imbiss, außerdem wird hier Tango getanzt, Zigarre geraucht und Fasserl-Party gefeiert. Seit 1870 dient die alte, denkmalgeschützte Villa bereits als Ausflugslokal. Heute werden in gemütlicher und bunter Atmosphäre bayerisch-italienische Gerichte mit amerikanischen und japanischen Einflüssen serviert – und das zu fairen Preisen.

Die Villa Flora teilt sich in zwei vom Stil und der Atmosphäre völlig unterschiedliche Teile auf: In dem alten denkmalgeschützten Gebäude im Spätbiedermeier-Stil gibt es viele kleine, kunterbunte Zimmer. An das Haus angebaut wurde noch ein transparenter, moderner, hoher Gastraum mit Bühne und offener Küche. Drumherum ist ein über 4000 Quadratmeter großer Park mit Biergarten. Wer hier feiern will, hat also viele Möglichkeiten.

Zum Beispiel kann man in der Villa mit 70 Personen ein ganzes Stockwerk für sich mieten und hat dann mehrere Zimmer, die zum Teil durch Schiebetüren miteinander verbunden sind. Jeder Raum ist in einer anderen Farbe gestrichen und verbreitet eine andere Stimmung. Gerade auf Fotos erzeugt das einen tollen Effekt. Manchmal wird das Vor- und Nachspeisenbuffet in jeweils einem anderen Raum serviert. Und in dem einen Zimmer wird getanzt, während man sich im anderen in normaler Lautstärke unterhalten kann.

Ganz anders präsentiert sich das große Atrium, ein rot gestrichener, hallenartiger Raum für bis zu 120 Personen, in dem es laut und lebendig zugeht. An der Bar werden Cocktails geschüttelt, die Gäste bedienen

■ Anschrift
Restaurant Villa Flora
Hansastr. 44
80686 München
Tel.: 089/54 71 75
www.villa-flora.com

■ Räumlichkeiten
Grün: bis 30 Personen
Gelb links und rechts: je bis 12 Personen
Blau: bis 25 Personen
Atrium: bis 120 Personen
Bühne: bis 20 Personen
Biergarten

■ Küche
Internationale Küche

■ Preise
Saisonabhängig

■ Übernachtungsmöglichkeiten
Keine; einige Hotels in Fußnähe

■ Sperrstunde
Keine

■ Sonstiges
Spielplatz

Modern, offen und lebendig – das Atrium in der Villa Flora

sich am Buffet in der Ebene darüber, die Kinder springen auf der Bühne herum und die Kellner flitzen hin und her.

Die Villa Flora liegt direkt am Mittleren Ring – mit S-Bahn Anschluss vor der Haustür: So mancher hat vielleicht schon den roten Schriftzug oberhalb des Trappentreutunnels entdeckt. Im Biergarten, der mit weißen Muscheln bestreut ist (nichts für Barfüßler, sieht aber toll aus) und im Haus bekommt man jedoch von der rasenden Kolonne zum Glück nichts mit.

Die Küche des Hauses ist nicht zu teuer und kommt ebenso bunt und vielseitig daher wie das Haus selbst: Es gibt Sushi, gebratenes Zanderfilet auf mediterranem Gemüse mit Rieslingschaumsauce, thailändische Mendake-Nudeln aus dem Wok oder Rumpsteak vom Grill. In lockerer Atmosphäre lässt es sich hier in jeder Jahreszeit gut feiern.

8 La Villa im Bamberger Haus

Eine traumhafte Kulisse für Schwarz-Weiß-Fotos

Neobarockes Schlösschen mitten im Luitpoldpark

La Villa ist ein denkmalgeschütztes, idyllisches Schlösschen im schönen Luitpoldpark in Schwabing – außen Barock, innen eine Mischung aus brasilianischem Flair und prunkvollem Festsaal.

Im idyllischen Luitpoldpark in Schwabing steht diese schöne alte Villa – das Bamberger Haus. Wie der Name verrät, wurde das Bürgerpalais gar nicht in München erbaut, sondern 1707 bis 1713 in Bamberg. Genauer gesagt wurde die schöne Stuckfassade 1911 nach München überführt und dazu passend ein Schlösschen gebaut – zu Ehren des 90. Geburtstages von Prinzregent Luitpold. 1913 eröffnete das erste Café.

Der erste Eindruck vom Bamberger Haus: Idylle pur. Jetzt fehlen nur noch ein paar elegante Münchner in wallenden Gewändern, die mit Sonnenschirmchen durch den Park lustwandeln. Doch hinter der schönen Barockfassade verbirgt sich auch südländisches Flair. Am Sonntagabend wird zu heißen Tango-Rhythmen getanzt, im Souterrain werden in der Cantina Mexicana abends mexikanische und brasilianische Spezialitäten zubereitet, wie zum Beispiel die heiß begehrten Fleischspieße »Rodizio«, eine Spezialität des Hauses und für Grillfans ein absolutes Muss.

Im Erdgeschoss gibt es noch das international ausgerichtete Restaurant »La Terrazza«: Ein barocker Saal mit prunkvoller, über und über bemalter Stuckdecke, mit gemaltem Marmor, geschmückten Wandvertäfelungen und hohen Sprossenfenstern, die den Blick ins Grüne freigeben.

Wer hier feiert, findet eine ausgefallene Kombination vor: Sektempfang oder Kaffee und Kuchen werden gerne draußen auf der Terrasse und im Garten serviert. Bunt gestreifte Liegestühle und Strandkörbe laden zum Chillen ein.

■ Anschrift
La Villa im Bamberger Haus
Brunnerstr. 2
80804 München
Tel.: 089/308 89 66
www.restaurant-la-villa.de

■ Räumlichkeiten
La Terrazza im EG: 80–100 Personen
Cantina Mexicana im UG: 200–300 Personen
Luitpoldsaal im 1. Stock: 100 Personen
Garten und Terrasse

■ Küche
Südamerikanische und internationale Küche mit mediterranem Flair

■ Preise
Luitpoldsaal und La Terrazza Mindestumsatz:
So.–Do. 1500 Euro, Fr.–Sa. 2500 Euro
Cantina Mexicana: 6000 Euro Mindestumsatz
Keine Nachtzuschläge

■ Übernachtungsmöglichkeiten
Keine; Hotel, Pension und Gästehäuser in der Nähe

■ Sonstiges
Spielplatz

Die Kinder vergnügen sich auf dem Spielplatz. Im Park und vor der Villa entstehen nebenbei wunderschöne Fotos. Am Abend wird es dann elegant und festlich und die Gesellschaft wandert in den ersten Stock in den Luitpoldsaal. Unter prunkvollen Freskenmalereien, die Szenen aus der griechischen Sagenwelt zeigen, kann dort mit bis zu hundert Gästen gefeiert und gespeist werden, z. B. gefüllte Kalbsröllchen an Cognacsauce mit Kartoffelcrêpes (18,50 Euro), geeiste Mascarponecreme mit karamellisierten Pfirsichen (7,50 Euro).

Anschließend wird im Erdgeschoss gerockt und getanzt sowie an der Bar ein guter Wein oder ein exotischer Cocktail bestellt. Feiern wie der Prinzregent persönlich. Für 5000 Euro Mindestumsatz ist man im Restaurant und im ersten Stock ganz unter sich. Und für 11 000 Euro ist man Schlossherr einer ganzen Villa. Nebenbei: Zweimal im Monat gibt es hier nicht nur ein 4-Gänge-Menü, sondern auch einen Todesfall – beim »Murder Mystery Dinner«.

Oben: Bis 100 Personen passen in den festlichen Luitpoldsaal

Unten: Herbstliche Tischdekoration

9 Wirtshaus im Grün Tal

Lauschiges »Hideaway« für kleine Familienfeiern

Das Wirthaus im Grün Tal ist ein idyllisches Fleckchen mit edlem, bayerisch-gemütlichem Ambiente. Im Garten am Brunnbächlein werden der Aperitif, in den Stuben bayerische Schmankerl serviert.

Das Wirtshaus im Grün Tal wirkt wie ein gemütliches Ausflugslokal auf dem Land. Kein Wunder, wir befinden uns schließlich im noblen, grünen Stadtviertel Bogenhausen unweit vom Herzogpark. An sonnigen Tagen sitzt man in einem herrlichen, großen Biergarten mit Lauben und das Brunnbacherl – ein kleines, seichtes Bächlein – murmelt vor sich hin. Ein Traum für Familien: Die Kinder werfen Steine ins Wasser oder beschäftigen sich mit sich selbst auf dem Spielplatz. Bei Sauwetter kann man sich drinnen in gemütlichen, schnuckeligen Stuben ganz wie zu Hause fühlen. Historisches Küchengeschirr aus Emaille, Jagdutensilien und alte Fotos hängen an den Wänden. Viel Wert wird auf die Blumendekoration in und ums Haus gelegt. Je nach Jahreszeit schmücken kleine Kräutertöpfchen den Tisch und in den Blumenkästen an den Fenstern strahlen unendlich viele Stiefmütterchen.

Im Wirthaus im Grün Tal treffen sich Großkopferte aus der Nachbarschaft, Spitzenpolitiker, Medienunternehmen, aber auch ganz normale Münchner. Es ist eine stilvolles und schönes Gasthaus, das sich vor allem für kleine Familienfeste eignet. Größere Festgesellschaften mit bis zu 200 Personen können aber auch das ganze Wirthaus belegen.

Im Sommer grillt der Küchenchef im Wirtsgarten und im Winter gibt's draußen Glühwein oder Gulaschsuppe aus einem großen Kessel. Aperitif und Digestif genießen die Gäste in

■ **Anschrift**
Wirtshaus im Grün Tal
Grüntal 15
81925 München
Tel.: 089/998 41 10
www.kuffler-gastronomie.de

■ **Räumlichkeiten**
Gartenstube: 44 Personen
Münchner Stube: 28 Personen
Stüberl im Ersten Stock: 28 Personen
Kaminecke: 40 Personen
Valentinsstüberl: 8 Personen
Großer Biergarten: 800 Personen
Kleine Gartenlaube: 30 Personen

■ **Küche**
Gehobene bayerisch-regionale Küche

■ **Preise**
Keine Saalmiete und kein Mindestumsatz bei Verzehr

■ **Übernachtungsmöglichkeiten**
Keine; einige Hotels in der Umgebung

■ **Sperrstunde**
Im Haus 1 Uhr; im Garten 22 Uhr; Sperrzeitverlängerung kann beantragt werden; Nachtzuschlag ab 1 Uhr

■ **Sonstiges**
Spielplatz im Garten; immer sonntags von 12 bis 16 Uhr Kinderbetreuung; Kirche St. Lorenz gleich ums Eck

Einfach gemütlich – der Gartensaal mit seinen Holztischen

Linke Seite:
Bayerische Schmankerl

einer lauschigen Laube. Drinnen wird entweder festlich mit weißer Tischdecke und Kerzenleuchtern oder rustikal an Holztischen mit Windlichtern getafelt. Rund dreißig bis vierzig Personen passen in die kleinen Stuben – in die helle Gartenstube, die holzgetäfelte, gediegenere Münchner Stube oder die Kaminecke. Ein besonderes Schmankerl sind die zwei Räume im ersten Stock – die erreicht man nämlich nur durch einen fast geheimen Eingang in der Küche.
Das Wirtshaus im Grün Tal gehört zur stadtbekannten Kuffler-Gastronomie, die auch die Lokale Seehaus, Spatenhaus, Mangostin und Haxnbauer betreibt. »Aber gerade das Grün Tal ist dennoch sehr persönlich und familiär«, so eine Familie, die hier gefeiert hat. Auf den Tisch kommt gehobene bayerische Küche mit vielen Bioprodukten. Fleisch und Wurst sind aus der hauseigenen Kuffler-Metzgerei. In der eigenen Patisserie werden leckere Mehlspeisen, Desserts und Kuchen gezaubert. »Das kulinarische Highlight des Abends war ein Blaubeerpfannkuchen in einer riesigen, gusseisernen Pfanne in der Mitte des Tisches. Jeder durfte sich bedienen«, erzählt die Familie. »Unsere Gäste schwärmen noch heute davon.«

10 Lenbach

Extravaganter Gourmet-Tempel für die Wilden und Schicken

In den imposanten historischen Räumen feiert es sich ziemlich stylish und sündhaft. Die professionelle Bankettabteilung macht fast alle Wünsche wahr und die gekrönte Sterneküche will verführen.

Das Lenbach ist eine pompöse kultige Szene-Gastronomie mitten in München. »Münchens einziges Restaurant mit Weltstadt-Ambiente«, schreibt der Gault Millau. Wer das wunderschöne ehemalige Bernheimer Haus durch die Glastüre betritt, landet in einer anderen Welt. Der britische Stardesigner Sir Terence Conran hat die repräsentativen historischen Räume stylish in Szene gesetzt, ausgestattet mit den katholischen Motiven der sieben Todsünden: Neid, Gier, Lust, Trägheit, Zorn, Eitelkeit und Völlerei. Und so schreitet man zum Beispiel im Restaurant über den blauen, berühmt-berüchtigten Laufsteg zu seinem Tisch.

Die großen Säulen, hohen Bogenfenster und der Stuck an der Decke stehen im Kontrast zu den lilafarbenen Polsterstühlen und exotischen Blumenarrangements.

Auch die Bar links vom Eingang kann exklusiv gemietet werden, der große Raum mit den gemütlichen Lounge-Ecken hat eine hohe Stuckdecke und wirkt wunderschön, wenn er nur durch Kerzenlicht beleuchtet ist. Auf der gesamten Länge erstreckt sich eine 25 Meter lange, beleuchtete Bar.

Eine große Marmortreppe führt in den ersten Stock, wo sich der denkmalgeschützte Gobelinsaal befindet.

■ Anschrift
Lenbach
Ottostraße 6
80333 München
Tel.: 089/54 91 30 50
www.lenbach.de

■ Räumlichkeiten
Restaurant: bis 320 Personen
Restaurant-Terrasse: bis 120 Personen
Bar: bis 140 Personen
Bar-Terrasse: bis 150 Personen
Gobelinsaal: bis 200 Personen
Vestibül: bis 18 Personen
Foyer: bis 150 Personen für Empfänge

■ Küche
Mehrfach ausgezeichnete Küche von Küchenchef Thomas Fesenmair; empfohlen u. a. von Aral Schlemmeratlas, Feinschmecker, Gault Millau, Gusto, Marcellino's, Michelin, Varta

■ Preise
Mindestumsatz abends brutto (tagsüber andere Preise):
Restaurant (Teilbereich) ab: 8000 Euro
Bar: 18 500 Euro
Gobelinsaal: 9500 Euro
Vestibül: 330 Euro

■ Übernachtungsmöglichkeiten
Keine; zahlreiche Hotels in Fußnähe

■ Sperrstunde
Verhandelbar

■ Sonstiges
Professionelle Bankettabteilung, die Feste komplett plant und organisiert.

Auch hier in dem stilvollen Renaissancesaal mit Holzkassettendecke und Parkettboden wird mit modernen schicken Elementen gespielt. Die taubengraue Tapete ist angestrahlt, die Tische können von unten pink beleuchtet werden.

Kein Wunder, dass hier die internationale Prominenz aus Wirtschaft, Politik und Film ein- und ausgeht. Heike Makatsch hat mit Hugh Grant geturtelt, Mick Jagger, Nicole Kidman oder Andrew Lloyd Webber feierten Premiere und schlürften Champagner.

Aber auch schicke junge Normalsterbliche oder ältere Herrschaften dürfen hier feiern. Die hauseigene große Bankettabteilung kann die gesamte Planung und Organisation übernehmen. Natascha Pex vom Lenbach: »Romantisch, rockig oder im Rokoko-Stil, wir machen alles möglich. Häufig wollen die Paare ein sehr traditionelles Ambiente – dazu gehören vor allem Rosen und Lilien, Kerzen und Herzen, viel Weiß, Rot und Pink. Bei anderen soll es modern und stylish zugehen ohne die üblichen Hochzeitsaccessoires.«

Und Küchenchef Thomas Fesenmair, der bei Käfer und davor zusammen mit Witzigmann, Winkler und Schuhbeck gekocht hat, zaubert ein lustvolles Liebesmenü: darunter so verheißungsvolle Kreationen wie »Forever yours«: turtelnde Taube und Wachtel im Brotbund des Lebens mit Vanille-Karotten und Feldsalatsautée.

Ein traumhafter Festsaal mit alter Holzdecke für bis zu 200 Personen.

Linke Seite: Kerzen und gedämmtes Licht

11 Akademischer Gesangverein München e.V.

Gleich neben dem Marienplatz steht die »Scholastika«.

Mitten in München: ein Saal mit Tradition und Eleganz

Deutschlands größte Studentenverbindung vermietet einen großen prachtvollen Saal mit Stuck, Bühne und Parkett – ein repräsentativer und für Größe, Lage und Flair günstiger Platz zum Feiern.

Der wunderschöne große Saal des Akademischen Gesangvereins Münchens lädt geradezu ein zum Tanzen, Singen und Feiern. Denn wir befinden uns bei einer Studentenverbindung und einem Gesangverein noch dazu. Etwa 70 aktive Studenten und 800 Alte Herren gehören der heute größten Studentenverbindung Deutschlands an. Auch Max Planck war ein Mitglied und oft mit dabei. Sie musizieren und feiern zusammen, haben Chöre, ein Symphonieorchester, eine Jazzband und eine Theatergruppe, veranstalten Kammerkonzerte und Vorträge und jeden Mittag gibt es einen Mittagstisch. Und dem AGV, wie er kurz genannt wird, gehört ein repräsentatives Gebäude direkt hinter dem Marienplatz. Die »Scholastika«, so heißt das Haus, wurde 1915 erbaut und ist seitdem im Besitz des Vereins.

Im Erdgeschoss befindet sich das Traditionsgasthaus »Haxnbauer«, im Untergeschoss eine Kegelbahn, im ersten Stock ein Studentenwohnheim und im zweiten und dritten Stock verschiedene Räumlichkeiten, zu denen der kleine und große Saal gehören, die für Feste und Feiern vermietet werden.

Die Raumaufteilung ist optimal: Im kleinen hellen Saal findet meist der Stehempfang statt, am Abend wird hier das Buffet aufgebaut. Durch eine Flügeltüre ist er mit dem großen Saal verbunden. Der acht Meter hohe, großzügige Raum ist lichtdurchflutet,

■ Anschrift
Akademischer Gesangverein München e.V.
Ledererstr. 5
80331 München
Tel.: 089/22 37 07
www.agv-muenchen.de

■ Räumlichkeiten
Kleiner Saal: bis 55 Personen
Großer Saal: bis 180 Personen
Schänke/Küche

■ Küche
Freie Wahl des Caterers; Vorbereitungsküche vorhanden

■ Preise
Großer Saal: ab 920 Euro netto
Kleiner Saal: ab 310 Euro netto
Großer und kleiner Saal: ab 1120 Euro netto
Bühne: ab 80 Euro netto
Schänke/Küche: ab 100 Euro netto
Nachtzuschlag ab 0 Uhr

■ Übernachtungsmöglichkeiten
Keine; viele Hotels ganz in der Nähe

■ Sperrstunde
1 Uhr

■ Sonstiges
Rauchverbot in den Sälen; in der Regel im August und von Weihnachten bis 6. Januar geschlossen

Im kleinen Saal finden gerne Empfänge statt.

hat Eichen-Parkettboden, farbenprächtige Wandgemälde und eine reich verzierte Stuckdecke. Und wie nur wenige Säle hat er eine große Bühne für Konzertflügel oder die Live-Band. Tagsüber wunderschön hell, kann man abends das Deckenlicht dimmen; große Kerzenleuchter auf den Tischen verbreiten dann eine festliche Stimmung.
An der Schänke hinten im Saal gibt es frisch gezapftes Bier. Ein Brautpaar: »Die Scholastika hat viele Vorteile: Wir konnten hier mit 170 Gästen großzügig feiern. Die kleinen Kinder haben im Kinderwagen in einem weiteren Raum geschlafen. Nach der Feier gibt es viele Hotels in Fußnähe. Aber das Ambiente hat natürlich überzeugt, es war sehr festlich und etwas ganz Besonderes.«
Wer hier feiert, kann vieles selbst organisieren oder einen Caterer buchen, der alle Wünsche erfüllt und auch Geschirr und Besteck mitbringt. Die Ansprechpartnerin im Haus ist sehr zuvorkommend und unkompliziert. Die »Scholastika« ist eine edle, festliche Location für alle, die auf Park oder Garten verzichten können.

12 Vinorant Alter Hof

Fränkische Gourmetküche in historischen Gewölben

Der historische Affensaal mit modernem Flair

Deutschlands ehemals jüngster Sternekoch zaubert im Alten Hof kreative fränkische Gerichte auf den Tisch. Ein wunderbarer Ort für Business-Events, aber auch Familienfeste.

Direkt neben Münchens berühmtestem Delikatessengeschäft Dallmayr flackert im Hinterhof die Flamme vom Vinorant Alter Hof. Das Restaurant ist in einem der ältesten und traditionsreichsten Gebäude Münchens angesiedelt – der ersten Residenz der Wittelsbacher. Im ersten Stock herrscht eine fast klösterliche Atmosphäre, freundlich und modern. Gemütlicher ist es im Gewölbekeller.
Aus überlieferten deftigen Rezepten zaubert Küchenchef Peter Kinner kreative und ungewöhnliche Genüsse, frisch und leicht. Ein Glück für alle, die die fränkische Regionalküche und ihren Wein lieben. Eine kleine Auswahl aus der verlockenden Speisekarte: hausgemachte Flusskrebs-Ravioli in einer Sauce mit Kaiserschoten, Carpaccio vom fränkischen Freilandrind mit Parmesaneis, Hochrippe vom Weiderind mit Kompott von Tomaten, Oliven, Senfsaat und Gratin Dauphinois. Und das Beste daran: Das Vinorant ist ein Feinschmeckerrestaurant ohne Luxusallüren. Die Preise stimmen, ein Hauptgericht kostet zwischen 8 und 17 Euro.
Interessanterweise verdanken wir diese fränkische »Niederlassung« in München einem Landtagsbeschluss: Am 14. Juli 1994 wurde die Bayerische Staatsregierung dazu aufgefordert, dem Fränkischen Wein in München auf Dauer ein adäquates, nach Möglichkeit historisches Zuhause zu geben. Es dauerte noch einige Jahre, dann wurden durch einen Umzug von Teilen des Zentralfinanzamtes die schönen historischen Räumlichkeiten frei.
Das Vinorant Alter Hof teilt sich in zwei Bereiche: Im ersten Stock befindet sich das Restaurant (Hof- und Affensaal) in einem großen

■ Anschrift
Vinorant Alter Hof
Alter Hof 3
80331 München
Tel. 089/24 24 37 33
www.alter-hof-muenchen.de

■ Räumlichkeiten
Ein-Säulen-Saal: 33–55 Personen
Galgenkeller: 40–70 Personen
Hofsaal: 50–100 Personen
Affensaal: 50–90 Personen
Terrasse im Innenhof: bis zu 250 Personen

■ Küche
Mehrfach ausgezeichnete, kreative fränkische Küche von Küchenchef Peter Kinner; empfohlen u. a. von Aral Schlemmeratlas, Gusto, Marcellino's, Michelin, Varta.

■ Preise
Mindestumsatz zwischen 1500–7000 Euro

■ Übernachtungsmöglichkeiten
Keine; einige Hotels in Fußnähe

■ Sperrstunde
3 Uhr, Sperrzeit kann verkürzt werden.

■ Sonstiges
Veranstaltungstechnik kann angemietet werden.

hellen Renaissance-Gewölbesaal, schlicht und streng eingerichtet, fast mit klösterlicher, aber freundlicher Atmosphäre. Gemütlicher geht's im wohlig-dämmrigen gotischen Galgenkeller zu. Hier treffen sich die Münchner nach der Arbeit oder dem Theaterbesuch auf ein Glas fränkischen Wein und Fingerfood.

Möglichkeiten zum Feiern gibt es viele: Für kleinere Gesellschaften eignet sich der in sich abgeschlossene Ein-Säulen-Saal oder Galgenkeller, für größere Feiern ist der Hofsaal oder der Affensaal optimal geeignet. Bei warmen Temperaturen ist der Innenhof – etwas übertrieben »Weingarten« genannt – eine Oase der Ruhe mitten in der quirligen Innenstadt. Sogar im Winter kann er genutzt werden – unter einem Segeldach und Wärmestrahlern gibt es Glühweinumtrunk. An diesem Abend feiert zum Beispiel eine große Internetplattform mit 90 Gästen im Gewölbekeller und draußen ein »get together«.

Das Vinorant Alter Hof bietet übrigens witzige und schöne Veranstaltungen an: Genießen im Dunklen – jeder Gast bekommt ein 4-Gänge-Menü serviert, das er ohne Licht und damit blind verzehren muss. Jeden Mittwoch- und Donnerstagabend gibt es ein Candle-Light-Dinner und jedes Jahr im Sommer das wunderbare Fränkische Weinfest.

Oben: Gemütlich stimmungsvolle Atmosphäre im Galgenkeller

Unten: Fackel vor dem Eingang

13 Gartensaal des Prinzregententheaters

Farbenfroher Jugendstilsaal mit noblem Ambiente

Im Sommer zieht es die Festgäste auf die Gartenterrasse

Der edle Gartensaal ist das Schmuckstück des Prinzregententheaters. Unter einer Gewölbedecke mit Motiven aus Flora und Fauna finden hier große Empfänge, Firmenfeiern und Hochzeiten statt.

Eine Hochzeit, ein Stehempfang oder Galadinner im Gartensaal ist etwas für gehobene Ansprüche – elegant, edel und stilvoll. Und so kommt es hier öfter vor, dass die Festgäste in Smoking und langen Abendkleidern erscheinen. Kein Wunder, wir befinden uns ja auch im Prinzregententheater. Von 1900 bis 1901 wurde das Haus in München nach dem Vorbild des Bayreuther Richard-Wagner-Festspielhauses von Max Littmann erbaut und ist in seiner Kombination aus Elementen des Jugendstil und des Klassizismus einer der schönsten Theaterbauten Deutschlands. Der Gartensaal und das Theatercafé Prinzipal gehören zum Foyerbereich des Theaters und werden für Konzerte, Empfänge, Ausstellungen, Lesungen aber auch private Feste vermietet.

Die sieben Meter hohe Gewölbedecke des Gartensaals ist mit allerlei fröhlichen und farbenfrohen Tieren und Pflanzen bemalt – eine fantastische, fantasievolle Gartenlandschaft. Daher auch der Name für den Saal. Die Deckenmalerei wurde von Julius Mössel 1988 nach den Originalplänen aus dem Jahre 1901 in der unverwechselbaren Atmosphäre des frühen Jugendstils wiedererrichtet und gibt dem Saal ein luftiges, freundliches Ambiente. Wunder-

■ **Anschrift**
Gartensaal des Prinzregententheaters
Prinzregentenplatz 12
81675 München
Tel.: 089/21 85 28 24
www.prinzregententheater.de

■ **Räumlichkeiten**
Gartensaal: bis 250 Personen
Café Prinzipal: bis 85 Personen
Garten

■ **Küche**
Freie Wahl des Caterers

■ **Preise**
Grundmiete Gartensaal: 3000 Euro (Mo.–Do.) bzw. 3500 Euro (Fr.–So., feiertags),
Grundmiete Prinzipal: 1500 bzw. 1750 Euro
Bei Nutzung von Gartensaal und Prinzipal: 3800 bzw. 4300 Euro
Der Miettarif gilt für sieben Stunden Nutzungsdauer, zusätzlich benötigte Stunden werden zusätzlich abgerechnet. Außerdem muss ein Bewirtschaftungsentgelt an das Prinzregententheater abgeführt werden.

■ **Übernachtungsmöglichkeiten**
Keine; einige Hotels in Fußnähe

■ **Sperrstunde**
Keine

■ **Sonstiges**
Rauchverbot in allen Räumen; keine Vermietung in den Schulsommerferien; Buchung nur möglich, wenn im Prinzregententheater parallel keine andere Veranstaltung stattfindet.

schön sind auch die runden weißen Säulen mit goldener Krone und der edle Parkettboden. Im Sommer stehen die Türen zur direkt angrenzenden Gartenterrasse weit offen, der florale Garten an der Decke verlängert sich also quasi nach draußen. An lauen Sommerabenden verweilen die Gäste gern unter den Kastanienbäumen und lauschen dem Plätschern des Brunnens.

Hinter drei Spiegeltüren kommt man vom Gartensaal direkt ins Theatercafé Prinzipal. Große Gesellschaften nutzen beide Räumlichkeiten. Für kleinere Feste eignet sich das Prinzipal auch an sich. Der Salon mit seinen aufwändigen Deckengemälden im pompejischen Stil, den zum Teil dunkelroten Seidentapeten und vergoldeten Deckenstuckaturen war ursprünglich dem Schirmherren des Theaters, Prinzregent Luitpold von Bayern (1821–1912), und seinen Gästen vorbehalten.

Für Essen und Trinken darf man einen Caterer seiner Wahl mitbringen, eine Umsatzpacht muss aber an das Prinzregententheater abgeführt werden. Wer fürs leibliche Wohl jemanden beauftragen will, der sich hier besonders gut auskennt, wählt die Firma von Alfons Schuhbeck, dem Vertragscaterer für die öffentlichen Veranstaltungen des Prinzregententheaters.

Oben: Der Gartensaal mit seiner prachtvollen Jugendstildecke und den weißen Säulen.

Unten: Das Café Prinzipal wird gerne für Feste bis 85 Personen vermietet.

14 Praterinsel

Feiern im großen Stil auf Münchens Event-Insel

Die Orangerie eignet sich optimal für den Empfang oder die Garderobe

Auf Münchens Insel steht eine alte Fabrik mit Gewölbehallen für Veranstaltungen aller Art – Modeschauen, Whiskeyfeste, Hochzeiten, Premierenfeiern. Teuer und exklusiv.

Mitten in München, zwischen zwei Flussarmen der Isar, liegt die Praterinsel. Drei Häuser stehen auf dem grünen Fleckchen Erde: eine ehemalige Fabrik, in der Schnaps, Likör und Essig produziert wurden; ein Atelierhaus, in dem rund zwanzig Maler, Bildhauer und Medienkünstler arbeiten, und ein Bürohaus – und mittendrin der Innenhof mit seinen stattlichen Kastanien. Das »Aktionsforum Praterinsel« organisiert hier auf der Insel ein wunderbares Kulturprogramm mit vielen Ausstellungen, doch an hundert Tagen im Jahr vermietet das Aktionsforum seine exklusiven historischen Räume auch für Pressekonferenzen, Galadiners, Firmenfeiern und Hochzeiten.

Das Gelände der ehemaligen Schnapsfabrik ist riesig: Rund 1500 Quadratmeter umfassen die drei Gewölbehallen, in denen früher der Schnaps abgefüllt (Füllhalle), gelagert (Zollgewölbe) und die Enzianwurzel destilliert wurde (Wurzelkeller). Die Füllhalle im Erdgeschoss ist die größte und weitläufigste Gewölbehalle und fasst bis zu tausend Personen. Durch ihre Zweiteilung lässt sich der Raum aber gut durch einen Vorhang abtrennen und ermöglicht auch »kleineren« Feiern (ab hundert Personen) einen wunderschönen, stilvollen Rahmen mit Blick auf die Isar. Ein Stockwerk tiefer befindet sich das Zollgewölbe. Hier unten wurden früher die stark alkoholhaltigen Getränke unter Verschluss gehalten. Und auch hier lässt sich der Raum gut zweiteilen – im einen kann stilvoll an runden Tischen diniert werden, anschließend werden die Gäste in den anderen Teil mit stylischer Bar und gemütlichen Lounge-Bereichen entführt.

Die außergewöhnlichste aller Gewölbehallen ist der Wurzelkeller – kleiner als die beiden anderen, mit

■ Anschrift
Aktionsforum Praterinsel
Praterinsel 3–4
80538 München
Tel: 089/212 38 30
www.praterinsel.org

■ Räumlichkeiten
Füllhalle + Orangerie: bis 400 Personen
Zollgewölbe: bis 400 Personen
Wurzelkeller mit Garten: bis 250 Personen
Innenhof

■ Küche
Freie Wahl des Caterers

■ Preise
Nettomietpreise:
Füllhalle + Orangerie: ab 4500 Euro
Halbe Füllhalle: ab 3500 Euro
Innenhof: 1500 Euro
Zollgewölbe: ab 3500 Euro
Halbes Zollgewölbe: ab 2700 Euro
Wurzelkeller: ab 2000 Euro
Isarhof: 1000 Euro

■ Übernachtungsmöglichkeiten
Keine; Hotels in Fußnähe

■ Sperrstunde
Keine

■ Sonstiges
Kerzen dürfen nur geschützt in Windlichtern aufgestellt werden; kein Mobiliar und keine Technik vorhanden

zwanzig eng stehenden Säulen. Davor befindet sich ein Platz, der sich zur Isar öffnet und sich wunderbar für Stehempfänge eignet. Da der Wurzelkeller auch preislich günstiger ist, wird er gerne für Hochzeiten und Geburtstage gemietet.
Wer auf der Praterinsel feiert, wird um eines nicht herumkommen: Die achteckigen Säulen verhindern in allen Gewölbehallen die freie Sicht. Dafür sehen sie aber von unten angestrahlt toll aus, ermöglichen gemütliche Nischen und schaffen so eine ganz besondere Atmosphäre. Am besten lassen Sie hier einen Profi walten. Die gesalzenen Mietpreise der Praterinsel können sich vor allem große Firmen und VIPs leisten: Die Rolling Stones gaben hier eine Pressekonferenz; Keith Haring stellte seine Bilder aus; Uschi Glas, Thomas Gottschalk und Yvonne Catterfeld fanden sich auf Münchens Insel der Kunst schon zu den unterschiedlichsten Anlässen ein.

Oben: Ein großzügiger Innenhof für Open-Air-Feste

Unten: Loungeatmosphäre bei einem Firmenevent

15 Wirtshaus in der Au

Wirtshausatmosphäre mit Stil

Der separate Eingang zum Valentinsaal

Nicht weit vom Deutschen Museum und der Isar steht das beliebte Wirtshaus in der Au. Was viele nicht wissen: Im Obergeschoss gibt es den stilvollen Valentinsaal.

Wer hier an einem ganz normalen Abend ein Bier trinken oder den größten Knödel Münchens essen will, muss reservieren. Denn das Wirtshaus in der Au ist ein beliebter Treffpunkt im Stadtteil und jeden Abend voll. Die echte Wirtshausatmosphäre lockt den Bayern in Lederhosen ebenso wie den erfolgreichen Jungmanager. Das Highlight der Speisekarte ist unbestritten der Knödel, vom »normalen« riesigen Semmelknödel über leckere Breznknödel und Spinatknödel bis hin zum Knödel der Woche – ab und zu sogar mal in süßer Variante als Nachtisch. Und das alles bajuwarisch üppig. Sogar ein eigenes Knödelbuch haben die Köche herausgebracht.

Früher, 1842, war in dem herrlichen Bau im Renaissancestil mal eine Braustätte mit Ausschank, bis 1858 der Brauereibetrieb eingestellt und nur die Wirtschaft allein weitergeführt wurde. Die wilden Jahre erlebte die Lilienstraße 51 in den 1960ern. Da eröffnete im Obergeschoss nämlich die erste Diskothek Münchens. Seit 1993 ist das Wirtshaus in der Au nun in der Hand von Florian Oberndorfer, der auch auf dem Oktoberfest ein eigenes Zelt mit Knödelspezialitäten hat.

Neben dem großen Wirtshaus mit Biergarten gibt es im Obergeschoss noch den sehr schönen Valentinsaal mit Nebenräumen für Hochzeiten, Ballnächte, Filmaufnahmen oder Incentives. Das Besondere: Der Eingang ist separat, er befindet sich in einer Seitenstraße. Die Gäste betreten einen Treppenaufgang mit rotem Teppich, Kronleuchtern und Kerzen. Der Festsaal bietet eine Mischung aus stilvoller Romantik und bayerischem Charme – alte Deckenmalereien, hohe Säulen, Eichenparkett, eine

■ Anschrift
Wirtshaus in der Au
Lilienstr. 51
81669 München
Tel.: 089/448 14 00
www.wirtshausinderau.de

■ Räumlichkeiten
Valentinsaal: max. 200 Personen
König-Ludwig-Salon: 50 Personen
Abendessen im Restaurant: 180 Personen
Biergarten: 150 Personen

■ Küche
Bayerisch-internationale Küche

■ Preise
Mindestumsatz im Valentinsaal: 2900 Euro
Mindestumsatz im König-Ludwig-Salon: 1300 Euro

■ Übernachtungsmöglichkeiten
Keine; einige Hotels in unmittelbarer Nähe

■ Sperrstunde
Sperrstunde im Restaurant 1 Uhr
Sperrstunde im Valentinsaal 2 Uhr

lange beleuchtete Bar. »Wir fanden die Bar einfach klasse. Die Kinder haben sich hier vom Barkeeper bedienen lassen und die Erwachsenen sich zum Ratschen getroffen«, erzählt ein Brautpaar. Der Service hier ist fast perfekt und sehr freundlich: »Kein Glas blieb lange leer und kein Gast musste lange auf sein Essen warten.« Der Valentinsaal hat seinen Namen übrigens von Karl Valentin, der gleich ums Eck geboren wurde und gern im damaligen Bräustüberl verkehrte.
Die Preise im Wirtshaus in der Au sind nicht überteuert. Eine Raummiete gibt es nicht, lediglich einen gut machbaren Mindestumsatz. Das Menü gibt es schon für 22 Euro, Buffet ab 31 Euro pro Person. Und da werden dann Leckereien serviert wie die hochgelobte, in Barolo geschmorte Milchkalbsschulter mit Speckknödel und angeschwenktem Gemüse, Rucola-Brotsalat oder Weißbiertiramisu mit Himbeerkompott.

Im ersten Stock befindet sich der wunderschöne Valentinsaal, wo die Gäste ganz unter sich an einer langen, geschmückten Tafel oder an kleinen, runden Tischen feiern können.

16 Gutshof Menterschwaige

Stilvoller Gutshof am Isarhochufer

Im Innenhof der Menterschwaige ist man ganz unter sich

Der schönste Biergarten Münchens hat noch mehr zu bieten: Einen festlichen König-Ludwig-Saal für bis zu 130 Gäste, Gewölbe mit Rundbögen für 200 Personen und alles bayerisch-stilvoll.

Die Münchner kennen und lieben den großen Biergarten vom Gutshof Menterschwaige am grünen Stadtrand. Gerade am Wochenende schwingen sich viele aufs Radl und fahren die Isar runter bis nach Harlaching. Dort wird die Brotzeit ausgepackt und eine kühle Maß unter den schönen alten Kastanien getrunken. Die Youngsters sind begeistert vom Abenteuerspielplatz mit Piratenschiff, die ganz Kleinen drehen sich im historischen Karussell im Kreis. Kein Wunder, dass die Menterschwaige offiziell von der Abendzeitung zum schönsten Biergarten Münchens gewählt wurde.

Aber es lohnt sich, auch mal nach drinnen zu schauen. Das Restaurant ist groß, die vielen kleinen Stüberl und das Gewölbe mit Säulen und Rundbögen garantieren aber Intimität und Gemütlichkeit. Im ersten Stock gibt es einen schönen großen Festsaal für bis zu 130 Personen und der idyllische Innenhof ist ideal, um die Gäste mit einem Glas Prosecco zu empfangen. Ein Brautpaar: »Wir haben in der Menterschwaige gefeiert, weil uns das stilvolle, festliche, bayerische Ambiente sehr gefallen hat. Und die Räume haben eine alte Geschichte. Genau richtig für eine Hochzeit!«

Bereits 1012 ist die Menterschwaige zum ersten Mal urkundlich erwähnt. Im 19. Jahrhundert war die Schwaige (mittelhochdeutsch für »Viehhof«) tatsächlich ein Hof zur Versorgung des Königshauses, dazu gehörte ein prächtig ausgestatteter Marstall, in dem die Pferde des Königlichen Hofes ihr Gnadenbrot bekamen. Vor zehn Jahren hat der Gastronom und Wiesn-Wirt Christian Schottenhamel mit seinem Cousin Peter den Guts-

Anschrift
Gutshof Menterschwaige
Menterschwaigstr. 4
81545 München
Tel.: 089/64 07 32
www.menterschwaige.de

Räumlichkeiten
Saal: bis 130 Personen
Gewölbe und Restaurant: bis 250 Personen

Küche
Gehobene bayerische und internationale Küche

Preise
Keine Miete oder Mindestumsatz bei Verzehr

Übernachtungsmöglichkeiten
Keine; Hotel 1 km entfernt

Sperrstunde
Keine

Sonstiges
Beheizbare Terrasse bis 150 Personen; Biergarten bis 2500 Personen; großer Abenteuerspielplatz

hof übernommen. Früher hasste er die Menterschwaige, heute wohnt er sogar im Stadtviertel: »Ich bin auf dem Hof Menterschwaige in den Kindergarten gegangen. Der war früher im großen Festsaal. Mir war er aber verhasst, sodass meine Eltern mich relativ schnell wieder herausgenommen haben. Als mich die Familie Kuffler, die ehemaligen Pächter, damals fragte, ob ich die Gastronomie übernehmen möchte, habe ich trotzdem spontan zugesagt.«

Fürs leibliche Wohl gibt es bayerische Spezialitäten nach Großmutters Rezept: Marillenstrudel oder Topfenmousse, getrüffelte Kartoffelsuppe im Einweckglas. Wer aber lieber Italienisches oder Asiatisches mag, wird hier genauso glücklich (Menü ab 25 Euro, Buffet ab 30 Euro).

Die idyllische Lage und Grünwald um die Ecke locken natürlich auch viel Prominenz in den Gutshof: König Ludwig I. hat sich seine Maß schmecken lassen, aber auch Oliver Kahn oder Alt-Oberbürgermeister Kronawitter haben hier schon nach Lust und Laune gefeiert.

Oben: Festlich bayerisches Ambiente – ein beliebter Hochzeitssaal

Unten: Der Biergarten ist ein beliebtes Ausflugsziel am Isar-Hochufer

17 Lola Montez Haus

Klein und fein – ein Holzhäuschen in Harlaching

Liebevolle Details wie die alte Glaskaraffe

In diesem lauschigen Landhäuschen direkt am Isar-Hochufer ist man ganz unter sich. Man feiert im Garten unter Lampions oder sitzt urig vor dem Kamin und isst wie zu alten Zeiten Schmalzbrot.

Das kleine urige Landhaus war früher mal das kleinste Gebäude des königlichen Reitstalls der Wittelsbacher und hat eine ganz besondere Geschichte: Es war einmal das Liebesnest von Bayernkönig Ludwig I. Hier hat er sich heimlich mit seiner großen Liebe, der feschen Lola, der »femme fatale«, der skandalumwitterten Tänzerin getroffen und versteckt. Nach aufwendiger Restaurierung erstrahlt es heute in voller Pracht und ist eine ganz besondere Location für intime Hochzeitsfeiern, fröhliche Geburtstage und kleine Firmentreffen.

Das Haus besteht aus zwei großen Räumen mit je 70 Quadratmetern auf zwei Etagen. Es ist urig und nicht überladen eingerichtet, viele kleine Details (Kränze an den Fenstern, Windlichter, schöne historische Tische und Stühle, ein originalgetreu restaurierter Kachelofen und ein offener Kamin) machen das Häuschen unglaublich gemütlich. Es ist fast so, wie zu Hause feiern.

Man ist ganz unter sich, hat keinen Restaurantbetrieb nebenher, dafür einen sehr aufmerksamen und engagierten Gastgeber. Frank Maria Wiedenmann und sein Team lieben ihr Häuschen und das merkt man. Überall packt er mit an, serviert, schenkt nach, setzt sich auf ein Gläschen auch mal an den Tisch und erzählt ein paar Anekdoten von Lola Montez.

In der historischen Küche zaubert er mit seinen Damen ein »Arme Leute Essen«: Schmalz- und Schnittlauchbrote, Brotsuppe, Kräutersalat, Saure Knödel, Gröst'l, Bayerisch Creme und Apfelkücherl und dazu einen guten Wein aus einer alten Karaffe. Idylle pur.

Und vor der Haustür geht's gerade so weiter. Kein Autoverkehr stört, nur ein paar Radler und Spaziergänger können's nicht

■ **Anschrift**
Lola Montez Haus
An der Hochleite
81545 München
Tel.: 089/242 27 40
www.lola-montez.com

■ **Räumlichkeiten**
Das komplette kleine Haus: bis 70 Personen
mit Garten: bis 150 Personen

■ **Küche**
Catering durch Eigentümer

■ **Preise**
Ab 960 Euro pro Event brutto

■ **Übernachtungsmöglichkeiten**
Keine; Hotel 1 km entfernt

■ **Sonstiges**
Direkt am Isar-Hochufer gelegen; kein Autoverkehr; offener Kamin und Kachelofen

lassen, neugierig und neidisch über den Gartenzaun zu schauen, um zu erkunden, wer hier denn gerade so romantisch feiert. In dem Garten mit Wiese und alten Bäumen sitzen die Gäste im Sommer an festlich gedeckten Bierbänken oder im Zelt, Lampions baumeln von den Bäumen und in einer Ecke strahlt ein Brautpaar gerade in die Kamera.

Das Lola Montez Haus liegt im Stadtteil Harlaching direkt am Isarhochufer und neben dem Restaurant und bekannten Biergarten Gutshof Menterschwaige. Ein beliebter Rad- und Wanderweg zieht sich am Gartenzaun entlang nach Süden. Eine einmalig schöner Platz, der nur begrenzt vermietet wird.

Ein Landhäuschen am Isarhochufer mit schönem Garten

Nachfolgende Doppelseite: Die Scheune von Gut Thurnsberg kann wunderschön von unten angestrahlt werden.

11

Norden

18 Gut Sedlbrunn

Kurzurlaub in der Toskana

Der Innenhof von Gute Sedlbrunn ist ein Idyll für Kinder und festliche Kuchentafeln

Auf Gut Sedlbrunn erinnert vieles an ein italienisches Gutshaus: Rundbögen, Terracottafliesen, ein idyllischer Innenhof, in dem Kinder Ponyreiten können, und eine fröhliche Gastgeberfamilie.

Wer Gut Sedlbrunn betritt, hat fast den Eindruck, er befinde sich in der Toskana. Terracottafliesen, weiß getünchte Wände, Rundbögen und ein großer, wunderschöner Innenhof mit einem alten Walnussbaum in der Mitte. Für das Besitzerehepaar Hans und Nathalie Schuster und ihre Familie ist ihr alter Gutshof »der schönste Platz der Welt«.

Vor vielen Jahren haben sie den Aussiedlerhof in einem desolaten Zustand übernommen und liebevoll hergerichtet. Der Kuhstall wurde zum Konferenzsaal, das Gesindehaus zum Seminarraum umgebaut. Im Pferdestall wird gefeiert und im Herrenhaus gespeist. Die Einrichtung und Gestaltung sind bewusst einfach gehalten, stilvoll und dem Charakter des historischen Hauses entsprechend.

Früher gehörten rund 1000 Hektar Land dazu, bis zu 140 Menschen werkelten auf dem Gut, produzierten Milch und Fleisch, bauten Kartoffeln und Getreide an. Heute werden hier keine Kühe mehr gemolken, sondern Feste gefeiert und Unternehmenstagungen durchgeführt. Tiere gibt es aber immer noch: einen Hund und viele Pferde. Denn der große, vierseitige Gutshof ist auch ein Reiterhof, Sitz eines Reiterinternats und Ausrichter eines der größten Reitturniere Süddeutschlands. Wer also mit seinen Festgästen Ponyreiten oder Kutsche fahren will, findet offene Ohren bei der reitsportbegeisterten Familie Schuster. Ein Wochenende oder ein Tag auf Gut Sedlbrunn sind fast ein Kurzurlaub – und auch Kindern wird es dort nie langweilig.

■ Anschrift
Gut Sedlbrunn
Sedlbrunn 1
86554 Pöttmes
Tel.: 08253/996 90
www.gut-sedlbrunn.de

■ Räumlichkeiten
Großes Restaurant: bis 120 Personen
Kleines Restaurant: bis 50 Personen
Raum Ost: bis 120 Personen
Raum West: bis 80 Personen
Scheune: bis 350 Personen
Kleines Haus: bis 20 Personen
Innenhof und Wiesen zum Feiern

■ Küche
Internationale Küche; kein À-la-carte-Restaurant

■ Preise
Keine Miete oder Mindestumsatz; Nachtzuschlag ab 1 Uhr

■ Übernachtungsmöglichkeiten
35 Zimmer mit 75 Betten; weitere Übernachtungsmöglichkeiten in der Umgebung (Shuttleservice)

■ Sperrstunde
Keine; Nachtzuschlag ab 1 Uhr

■ Sonstiges
Kapelle mitten im Wald; Pferde auf dem Gutshof; Dampfbad; Badesee; generelles Rauchverbot

Das Besondere an diesem Gutshof ist mit Sicherheit die Einsamkeit und Ruhe, die dieser Ort ausstrahlt. Er liegt weit ab von aller Zivilisation, umgeben von Wald und Wiesen. Optimal für alle, die sich gerne in freier Natur ihr Ja-Wort geben möchten oder davon träumen, am Bach unter einer alten Eiche zu feiern. Aber auch der Innenhof bietet einen romantischen Rahmen: Ein alter, großer Walnussbaum wirft seinen Schatten auf die lange, weiße Tafel mit vielen Leckereien.

Abends wird dann in der alten Scheune (bis 350 Personen), im Gewölbesaal (bis 140 Personen) oder in der alten Schmiede (bis 60 Personen) gefeiert und getanzt. Frisch und vollwertig zubereitetes Essen verwöhnt den Gaumen. Da will garantiert keiner nach Hause gehen – muss er aber auch nicht. Es gibt 35 stilvoll und natürlich eingerichtete Zimmer. Und am nächsten Tag gönnt man sich ein ausgiebiges Frühstück, samt Massage und Dampfbad.

Oben: Terracottafliesen und Rundbögen – mediterranes Flair im Gewölbesaal

Unten: Herzlich Willkommen!

19 Gut Thurnsberg

Neue idyllisch-ländliche Location im Norden

Der Gutshof wurde von Familie Steindl wunderschön hergerichtet

Gut Thurnsberg bei Allershausen ist ein liebevoll hergerichteter, alter Bauernhof mit großem Innenhof, uriger Scheune und einem Gewölbesaal für festliche Candle-Light-Dinner. Ein Geheimtipp!

Gut Thurnsberg ist ein einsam gelegener Bio-Bauernhof im Norden von München unweit der A9. Die Besitzer, Familie Steindl, haben den Hof vor wenigen Jahren in einem desolaten Zustand gekauft und kernsaniert. Der großzügige Innenhof ist umgeben von Scheune, Stall und Wohnhaus mit angrenzendem Gewölbesaal. Schlicht und freundlich erstrahlt das Haus mit seinen blauen Fensterläden und den Rosen vor der Tür. »Gut Thurnsberg ist einfach eine wunderschöne und liebevoll hergerichtete Location. Schön ist die Vielfältigkeit zwischen den verschiedenen Räumen«, erzählt ein Paar, das hier gefeiert hat.

Der Besitzer Hubert Steindl ist gebürtiger Kranzberger. Auf dem anerkannten Bio-Betrieb des Pferdehändlers grasen 25 Weideochsen. Als die Steindls ihre ersten Familienfeste im Gewölbesaal und der Kirche feierten, merkten sie erst, was für einen tollen Ort für Feste sie haben. Mit viel Freude laden sie nun Firmen und Brautpaare, Geburtstagskinder und Täuflinge in ihr Gutshaus ein. Man sitzt am großen Esstisch, trinkt einen Kaffee und bekommt Tipps für Floristen, DJs, Hotels und Caterer.

Gut Thurnsberg wurde um 1500 erbaut und hat seit 1560 eine eigene kleine katholische Kirche, die aber auch für evangelische und freikirchliche Gottesdienste genutzt werden kann.

Bei schönem Wetter feiern die meisten, so lange es geht, im Innenhof: Bar und Stehtische sind aufgebaut, eine Blaskapelle sorgt für fröhliche Klänge. Die Kinder können hier ungestört toben oder mit Hund und Katzen spielen, die Pferde bestaunen oder auf den Traktor klettern. In der schönen, großen Scheune mit offenem

Anschrift
Gut Thurnsberg
Thurnsberg 17
85402 Kranzberg
Tel.: 08166/67 59 36

Räumlichkeiten
Gewölbesaal: bis 150 Personen
Scheune: bis 250 Personen
Lounge: bis 100 Personen
Großer Innenhof

Küche
Freie Wahl des Caterers

Preise
Gewölbesaal: 1000 Euro brutto
Scheune: 1000 Euro brutto
Lounge: 600 Euro brutto

Übernachtungsmöglichkeiten
Keine; Bio-Hotel im Nachbarort; weitere Pensionen und Hotels in Allershausen und Freising

Sperrstunde
Keine

Sonstiges
Historische Kirche auf dem Gelände

Dachgebälk werden gerne Weihnachtsfeiern, aber auch Polterabende oder Geburtstagsfeste gefeiert.

Stilvoller und edler ist das Ambiente im Gewölbesaal. Vor dem Eingang brennen Fackeln und Feuerkörbe, die Gäste schreiten auf einem roten Teppich in den Raum. Die Wände werden von unten mit orangefarbenen Lampen angestrahlt, die runden Tische sind festlich gedeckt und viele Kerzen sorgen für eine romantische Stimmung. Angrenzend an den Gewölbesaal ist die Lounge, ein bunt angestrichenes ehemaliges Atelier. Hier kann das Buffet aufgebaut werden oder wahlweise auch eine Bar mit Clubsesseln und Tanzbereich. Der Gewölbesaal sollte eigentlich mal das Wohnzimmer der Familie Steindl werden und ist nur durch eine Schiebetür von ihrer Küche getrennt, aber die Steindls stört es nicht, wenn die Gäste bis zum Morgengrauen tanzen und feiern.

Das Besondere: In Gut Thurnsberg lässt es sich wunderschön draußen wie drinnen feiern. Und die Feste können Tage dauern, stilvoll und aufwendig sein, aber auch ganz schlicht und einfach. Für eine Kommunion zum Beispiel kann man im Gewölbesaal in Selbstregie ein paar Bierbänke mit Hussen aufstellen, dazu gibt es guten Kuchen von den Omas und Tanten.

Oben: Bodenstrahler, weiße Tischdecken und silberne Kerzenleuchter zaubern ein edles Ambiente

Unten: Auf dem Gelände steht eine kleine Kirche für Taufen oder Hochzeiten

20 Pantaleonsberg

Sonnenverwöhnter, offener Innenhof mit Aussicht

Hier oben auf dem Pantaleonsberg feiert man ganz unter sich. Der Innenhof mit Blick in den Süden ist traumhaft, der große Saal schlicht und funktionell. Aber vor allen Dingen stimmt der Preis.

In und um Kranzberg gibt es gleich mehrere schöne Plätze zum Feiern – ein altes Gutshaus, ein modernes Bio-Hotel, eine urige Scheune und eine kleine Waldkapelle. Die hügelige Landschaft mit ihren vielen Bauernhöfen und Reitställen ist wunderschön und romantisch. Und mitten im Ort, auf dem Pantaleonsberg, steht ein historisches Gebäude. Um 1200 war es eine herrschaftliche Burganlage, die aber 1632 komplett zerstört wurde. 1938 wurde dann die jetzige Anlage errichtet und diente zunächst als Notunterkunft und Turnhalle – und seit 2007 erstmals als Platz für Feste aller Art. Die Gemeinde hat viel Geld und Liebe in die Renovierung »ihrer« Location gesteckt. Im ersten Stock soll auch noch ein Gemeindemuseum entstehen.

Von hier oben kann man fast unendlich weit in den Süden blicken, auf Wiesen, Felder und die hügelige Landschaft. Der Innenhof ist groß und offen – perfekt, um einen fröhlich-entspannten Nachmittag zu verbringen. Es wird Kaffee getrunken, Holz gesägt, Fotos gemacht und die Seele ruht sich aus. Abends stellen viele noch Fackeln oder Windlichter im Hof auf und beleuchten das Haus von unten mit Strahlern.

Drinnen führt ein langer Gang in den großen Saal, der schlicht funktionell ist und etwas wenig Flair hat. Doch mithilfe von runden Tischen, Hussen, Pflanzen, Tüchern, hohen Kerzenleuchtern und Floorspots kann ein festliches, warmes Ambiente gezaubert werden.

■ Anschrift
Pantaleonsgebäude
Ansprechpartner: Frau Burgstaller
Pantaleonsberg 18
85402 Kranzberg
Tel.: 08166/68 96 12

■ Räumlichkeiten
Großer Saal: bis 120 Personen
Kleiner Nebenraum
Großer Innenhof

■ Küche
Freie Wahl des Caterers; Getränke außer Wein und Sekt müssen abgenommen werden (günstig)

■ Preise
Miete für das Gelände:
Auswärtige Personen: 300 Euro
Tagungen von Fremdfirmen: 350 Euro
Gemeindebürger: 150 Euro
Vereine aus der Gemeinde: 100 Euro
Tagung von Unternehmen aus Kranzberg: 200 Euro
Bei Auf- und Abbau am Freitag und Sonntag: jeweils 25 Euro
Miete für eine Feier nur im Innenhof: 100 Euro

■ Übernachtungsmöglichkeiten
Keine; mehrere Hotels in Allershausen und Freising

■ Sperrstunde
Keine; Musik im Freien nur bis 22 Uhr

■ Sonstiges
Pantaleonskapelle auf dem Gelände; Grundausstattung an Porzellan und Besteck in der Küche vorhanden

Das Gebäude auf dem Pantaleonsberg wird von der Gemeinde Kranzberg vermietet – die Preise sind mit Münchner Locations nicht zu vergleichen. Hier feiert es sich noch günstig. Dafür muss das Fest aber auch komplett selbst organisiert werden, denn die Gemeinde hat natürlich keine Bankettabteilung. Caterer der eigenen Wahl können aber für alles sorgen. Da die Küche mit Durchreiche zum Saal so gut wie komplett mit Tellern und Tassen, Besteck und Gläsern ausgestattet ist, kann man hier auch sein eigenes Essen mitbringen. Lediglich die Getränke außer Wein und Sekt müssen abgenommen werden (und das freut so manche Caterer nicht). Neben dem Saal gibt es noch ein weiteres Zimmer, das zum Beispiel als Spiel- oder Wickelzimmer genutzt werden kann.

Wer hier feiern will, muss den Pantaleonsberg zu Fuß »besteigen«.

Linke Seite: Eingang zur Pantaleonskapelle

Auf dem Anwesen befindet sich auch die wunderschöne kleine Pantaleonskapelle, die für Taufen oder Hochzeiten genutzt werden kann. Viele Gäste passen hier nicht rein, aber mit ein paar Bierbänken vor der Tür ist Platz für eine größere Festgemeinde geschaffen. Oder man feiert in der kleinen Waldkapelle in der Nähe.

Den Pantaleonsberg muss man ersteigen, das Auto bleibt unten im Ort, dafür ist man oben dann ganz unter sich. Lediglich der Hausmeister wohnt mit seiner Familie auf dem Hügel und der ist praktischerweise sogar Caterer. In und um Kranzberg ist der Pantaleonsberg mittlerweile als schöner Platz zum Feiern bekannt, ansonsten ist er noch ein Geheimtipp. Denn Werbung macht die Gemeinde nicht.

21 Schloss Ratzenhofen

Feiern wie im Mittelalter

Schloss Ratzenhofen hat ländlichen Charakter und freundliche Besitzer

Romantisch tafeln bei Kerzenlicht ist im Gewölbesaal von Schloss Ratzenhofen ein Muss – denn elektrisches Licht gibt es nicht. Das Schloss hat optimale Räumlichkeiten für bis zu hundert Personen.

Das Setting ist bezaubernd und einfach romantisch. Schloss Ratzenhofen liegt auf dem idyllischen, zwölf Kilometer langen Hopfen- und Bier-Erlebnispfad zwischen Mainburg und Ratzenhofen. Das Schloss selbst hat einen schönen ländlichen Charme, nicht abgehoben und sehr gemütlich.

Seit 1918 ist Schloss Ratzenhofen in Privatbesitz der Familie Zierer. Früher war es unter der Herrschaft der Herzöge von Bayern-Landshut eine sehr ansehnliche Anlage gewesen. Neben dem Baukörper des eigentlichen Schlosses gab es noch ein Gefängnis, eine Taverne und vor allem umfangreiche Stallungen für die Pferde des Pflegers und des Herzogs mit seinem Hofgesinde, der hier öfter nächtigte. Auch das Brautpaar der Landshuter Fürstenhochzeit hat hier 1475 seine Flitterwochen verbracht. Heute feiert man im »Neubau« des Schlosses, der 1767 entstanden ist. Die junge Tochter des Hauses kümmert sich mit viel Liebe um die Festgäste. »Sie ist perfekt organisiert, hat alles im Griff und ist dabei natürlich und superfreundlich«, berichtet ein Gast. Für Interessierte gibt eine Mappe, in der alle wichtigen Informationen für die Feier enthalten sind.

Das Besondere an Schloss Ratzenhofen ist mit Sicherheit, dass der Gewölbefestsaal nur mit Kerzen beleuchtet wird: Auf den runden Holzrädern an der Decke, auf Schränken und Tischen werden am frühen Abend die unzähligen Kerzen

■ **Anschrift**
Schloss Ratzenhofen
Dorfstr. 32
84094 Elsendorf-Ratzenhofen
Tel.: 08753/91 00 22
www.ratzenhofen.de

■ **Räumlichkeiten**
Gewölbefestsaal: bis 125 Personen ohne Tanz, 100 mit Tanz
Gewölbekeller, bei Bestuhlung: bis 40 Personen
Schlossinnenhof: bis 125 Personen
Schlossgraben mit Rosengarten

■ **Küche**
Freie Wahl des Caterers; Getränke vom Haus (günstig); Wein kann gegen Korkgeld mitgebracht werden.

■ **Preise**
Abhängig von der Personenzahl (Beispiel 80 Personen: 1750 Euro brutto inkl. gedeckte Tische, Teller und Besteck, Reinigung, Schlosshofnutzung, Kerzenlicht und Kaminfeuer)

■ **Übernachtungsmöglichkeiten**
Keine; mehrere Hotels und Pensionen in der Umgebung, z. B. in Mainburg

■ **Sperrstunde**
Keine

■ **Sonstiges**
Spielplatz; Kapelle im Schloss (max. 40 Personen); barocke Wallfahrtskirche St. Anton 1 km entfernt (100 Personen); von November bis März keine Vermietung

Der Gewölbefestsaal wird nur durch Kerzen beleuchtet

und der Kamin angezündet und so eine romantische, stimmungsvolle Atmosphäre verbreitet.

Im Burggraben oder im malerischen Innenhof findet meist der Empfang statt und am Abend trifft man sich hier am Lagerfeuer. Im Festsaal lässt man es sich schmecken und im Gewölbekeller wird zu späterer Stunde eine Bar eröffnet, getanzt und weitergefeiert.

Das Essen muss durch einen Caterer organisiert werden, eine Küche gibt es nicht, Bedienungen können aber vom Haus gestellt werden. Und am nächsten Morgen kann dann die ganze Festgesellschaft im Biergarten unter schattigen Kastanienbäumen das Frühstück einnehmen.

Wem die Schlosskapelle zu klein ist, der findet zwei Kilometer entfernt oder eine Viertelstunde zu Fuß die renovierte barocke Wallfahrtskirche St. Anton – inmitten von Hopfenfeldern wunderschön auf einem Hügel gelegen.

Wer Schloss Ratzenhofen besichtigen möchte, kann das gleich mit dem Besuch des Sommerprogramms des Schlosses verbinden – klassische Musik im Innenhof, Musikkabarett, Bauernmarkt, Kocherlball. Alle Infos dazu auf der schlosseigenen Webseite.

Nachfolgende Doppelseite:
Das Avalon Kraftwerk ist eine ehemalige Industriehalle umgewandelt zur Eventlocation.

Menu

Osten

22 Mairot

Gourmetküche in familiärem Ambiente

Feinschmeckerrestaurant mit familiärer Atmosphäre

Nicht einfach nur Restaurant oder Gasthof – eine »Werkstätte der Lebensfreude« ist das Mairot. Die locker-freundliche Atmosphäre und das legendäre Löffelbuffet begeistern alle Feinschmecker.

In Zeilhofen (in der Nähe von Dorfen) nordöstlich von München lässt es sich gut schlemmen. Das Mairot ist nicht einfach ein Restaurant oder Wirtshaus, sondern eine »Werkstätte der Lebensfreude« – und das darf das sympathische Gastronomenpaar Claudia und Peter Müller zu Recht behaupten. Denn die Müllers schaffen eine unkomplizierte, familiäre Atmosphäre und servieren dazu eine ausgezeichnete, frische, regionale Küche. »Genießen macht Freude und das ist fester Bestandteil unseres Lebens«, so die beiden. Bei Müllers ist vieles hausgemacht und das schmeckt man auch: Im Garten wachsen die Kräuter, die alten Obstbäume hinterm Haus liefern Kirschen, Pflaumen, Äpfel und Birnen. Pilze sammelt der Schwiegervater, die Enten und Hühner kommen vom Bauern aus dem nahen Buchbach, ebenso wie die Weidelämmer.

Und aus denen werden leckere Lammbratwürstchen gezaubert auf Rucoloasalat mit Senfdressing. Das heimische Reh wird mit Wirsing, Knödel-Steinpilz-Türmchen serviert und zum Nachtisch gibt es karamellisierte Grießschnitten, Erdbeercarpaccio mit Vanille-Mousse, ein Quittensüppchen und Rotwein-Pflaumen. Herrlich! Alles wird wunderbar und fast filmreif auf den Tellern drapiert. Dass zu jedem Gericht auch der passende Wein serviert wird, darauf kann man sich verlassen, denn dafür sorgt Claudia Müller höchstpersönlich.

Für den kleinen Hunger gibt es von allem kleine Portionen in Größe S, für den mittleren Hunger in M und wer einen großen Magen hat bekommt die Größe L – eine

■ Anschrift
Mairot – Werkstätte der Lebensfreude
Zeilhofen 14
84405 Dorfen
Tel.: 08081/20 34
www.mairot.de

■ Räumlichkeiten
Restaurant: 40 Personen
Nebenraum: 25 Personen
Nebenraum: 20 Personen
Vinothek: 12–14 Personen
Saal: 120 Personen
Terrasse: 90 Sitzplätze

■ Küche
Mehrfach ausgezeichnete Küche von Küchenchef Peter Müller; empfohlen u. a. von Aral Schlemmeratlas, Feinschmecker, Gusto, Michelin, Marcellino's, Varta

■ Preise
Keine Miete oder Mindestumsatz bei Verzehr

■ Übernachtungsmöglichkeiten
Keine; zwei Hotels in Dorfen

■ Sonstiges
Hinterhof mit ca. 1000 m² für Zeltaufstellung geeignet; Spielplatz im Hof; Antonius-Kirche direkt neben dem Haus auf einer kleinen Anhöhe

witzige Idee, die bei den Gästen gut ankommt. Und: Diese Haute Cuisine kann sich jeder leisten! Man schlemmt in einem Sterne-Restaurant, zahlt aber nicht die überzogenen Preise vergleichbarer Gourmet-Tempel in München (3-Gänge-Menü ab 30 Euro).

Peter und Claudia Müller haben 1998 den alten Wirtshof von den Eltern übernommen und grundlegend renoviert. Helles Birkenholz, italienisch-gelb gestrichene Wände, schlichte Stühle und Tische aus Kirschholz schaffen eine sonnige Stimmung. Ein alter Kachelofen sorgt für Gemütlichkeit. Ideal für Familienfeiern und Geburtstage sind die kleineren abgetrennten Räume. Für Hochzeiten gibt es einen schlichten großen Saal im ersten Stock, eine Terrasse für den Sektempfang und einen Hof, in dem ein Zelt aufgestellt werden kann. Peter Müllers Aperitif auf Löffeln ist legendär und unvergesslich bei allen Gästen.

Die lange Fahrt durch die hügelige Landschaft bei Erding ist also eine Reise wert. Denn die Müllers sorgen mit viel Herz dafür, dass es den Gästen an nichts mangelt.

Oben: Das Restaurant ist modern, schlicht und gemütlich eingerichtet

Unten: Gefüllte Waffeln zur Vorspeise

23 Schloss Aufhausen

Altes Familiensilber und Barockengel

Empfangsbereich und Lounge im Rittersaal

Neben dem großen Schlosspark und den stilvollen Räumen verfügt das barocke Schloss Aufhausen sogar über eine selbst nach über hundert Jahren noch voll funktionsfähige Kegelbahn.

Ein kleiner Weg führt auf das Schloss und das kleine Rondell zu, zur rechten Seite öffnet sich der weitläufige Park, geradeaus und zur Linken erstrahlt der hübsche Bau in Weiß und Gelb. Eine Fahne weht im Wind: »Herzlich willkommen« und der Name des Brautpaares ist zu lesen. Ein plätschernder Brunnen, alte Steinfiguren und Blumen versetzen die Gäste in Feststimmung. Das Brautpaar trifft sich in der kleinen Schlosskapelle, in der bis zu 60 Personen Platz haben und der Traugottesdienst (egal ob katholisch, evangelisch oder freikirchlich) kann beginnen.

Nach der Trauung sind überall im Park Stehtische und Sitzgelegenheiten aufgebaut. Kellner reichen kleine Häppchen, Garnelen und Dips sowie feine Mixgetränke. Nach alter Tradition wird am Nachmittag dann noch eine bayerische Brotzeit in der historischen Kegelbahn serviert. Auch im Originalzustand von 1897 ist die Kegelbahn noch voll funktionsfähig. Nur die alten Holzkegel müssen selbstverständlich von Hand aufgestellt werden.

Abends wird dann drinnen feierlich gespeist. Flügeltüren verbinden den Rittersaal mit dem Kapellensaal, viele nutzen diese Möglichkeit, um für 120 Gäste Platz zu haben. Der Kapellensaal ist mit seinen alten Ölgemälden, der historischen Balkendecke, antiken Möbeln und Dielenboden wie geschaffen für königliche Festtafeln. Im Rittersaal mit den großen, raumhohen Glastüren zur Terrasse finden oft Stehempfänge statt oder es wird getanzt. Manche stellen für den Abend aber auch ein großes Zelt unter die Blutbuche im Park.

So oder so ähnlich kann eine Hochzeit in Schloss Aufhausen ablaufen. »Sehr roman-

■ Anschrift
Schloss Aufhausen
85435 Erding
Tel.: 08122/141 15
www.schloss-aufhausen.de

■ Räumlichkeiten:
Rittersaal: 50–80 Personen
Kapellensaal: 30–50 Personen
Kegelbahn: 30 Sitzplätze
Großer Schlosspark

■ Küche
Freie Wahl des Caterers

■ Preise
Zwischen 250 und 600 Euro brutto pro Raum

■ Übernachtungsmöglichkeiten
Keine; Hotel in Fußnähe; weitere in Erding

■ Sperrstunde
2 Uhr

■ Sonstiges
Barocke Schlosskapelle für Trauungen; historische Kegelbahn

tisch, nicht kitschig, einfach wunderschön und ohne Einschränkung empfehlenswert«, schwärmt ein Brautpaar, das hier das Hochzeitsfest gehalten hat. »Es stört niemanden, wenn man bis zum nächsten Morgen feiert, man kann in Ruhe alles vorbereiten und das Chaos wieder aufräumen. Den Besitzern war einfach wichtig, dass wir ihr Schloss zu schätzen wissen.«

Seit 1985 bewohnt Familie von Hammerstein den alten Adelssitz in der Nähe von Erding. Die Baronin ist eine feine, ältere Dame, die sich mit viel Herz um ihre Gäste kümmert. Sogar das alte Familiensilber, Jagdgeschirr und antike Stühle werden für besondere Anlässe gegen eine Leihgebühr verliehen.

Schloss Aufhausen ist aber nicht nur geeignet für Hochzeitsfeiern: Das Schloss diente schon als Drehort für Spielfilme, aber auch der österreichische Fußballverband, BMW oder Land Rover haben die malerische Kulisse für ihre Events genutzt.

Oben: Im Kapellensaal fühlen sich die Gäste wie Könige

Unten: Die Kegelbahn bietet ein uriges Ambiente

24 Avalon – Das Kraftwerk

Feiern im ehemaligen Starkstromkraftwerk

Bis 1972 war hier das Starkstromkraftwerk der Isar-Amper-Werke

Echtes Industrieambiente. Die Räumlichkeiten sind flexibel und wandelbar. Lichteffekte, bunte Hussen, Olivenbäume und Lederstühle sorgen für viel Flair.

Mit Entenbrust, Garnelen-Satay, Edelfischstrudel und Piña Colada haben mehr als 400 Gäste im Avalon-Kraftwerk den Start eines Internet-Auftritts gefeiert. Aber das Avalon ist auch eine tolle Location für Produktpräsentationen, Weihnachtsfeiern oder Modeschauen. Die Räume versprühen noch den Charme vergangener Tage – bis zu 13 Meter hohe Decken, ein noch bestehender, hallenüberspannender Lastwerkkran, weiße schlichte Wände. Oben am Gebälk der imposanten Kraftwerkhalle hängt modernste Lichttechnik neben schönen alten Kronleuchtern.

Eine Hochzeit auf dem Industriegelände? Auch das ist möglich. Die Festgäste werden auf der überdachten Terrasse begrüßt. Olivenbäume, Efeu umrankte Säulen und Palmen verbreiten eine mediterrane Stimmung. In der Werkbox gibt es eine kleine Bar mit Cocktails. Man verweilt an bunten Stehtischen oder macht es sich in Korbstühlen bequem. Bei milden Sommertemperaturen laden Lounges mit Hintergrundmusik den ganzen Abend zum Feiern ein und dank der toleranten Nachbarschaft ist das auch kein Problem. Für den Abend ist die Kraftwerkhalle festlich dekoriert mit langen Tafeln. Die etwas erhöhte, offene Galerie ist mit Tüchern leicht abgehängt, dahinter wird es zu späterer Stunde eine Cocktailbar mit Lounge, DJ und Tanz geben.

Das Avalon Kraftwerk hat flexible und wandelbare Räume – ob ein romantisches Dinner für 50 Gäste oder eine Großveranstaltung mit 500 Personen – hier ist al-

■ Anschrift
Avalon – Das Kraftwerk
by Käfer Service GmbH
Party-Service
Heimstettenerstr. 1
85599 Parsdorf
Tel.: 089/416 86 08
www.avalon-kraftwerk.de

■ Räumlichkeiten
Showroom/kleine Werkhalle: bis 100 Personen
Werkbox: bis 30 Personen
Kraftwerkhalle: 170–200 Personen
Galerie: 80–100 Personen
Überdachte Terrasse: bis 120 Personen

■ Küche
Exklusiv Catering durch den Käfer-Party-Service

■ Preise
Miete für das gesamte Gelände: 3900 Euro netto
Privatveranstaltungen (nur am Wochenende): 1800 Euro netto
(Wegen Pächterwechsel sind kleine Änderungen bei den Preisen möglich.)

■ Übernachtungsmöglichkeiten
Keine; viele Hotels in Fußnähe

■ Sperrstunde
Keine

In den ehemaligen Hallen finden Firmenpartys und Hochzeiten statt

les möglich. In der kleinen Werkhalle finden Empfänge und Galadinner statt, in der großen Kraftwerkhalle festliche Bankette, die Werkbox wird für die Garderobe, Akkreditierung, Lounge oder Cocktailbar genutzt. Unterhalb der Galerie, auf der gerne eine Lounge oder Bar eingerichtet wird, gibt es noch einen Backstage-Bereich für den Caterer.

Die Kraftwerkhalle wurde 1899 von den Münchner Isar-Amper-Werken erbaut und diente bis 1972 als Starkstromkraftwerk. Dann wurden die Hallen zunächst als Lagerraum genutzt und später als Showroom für exklusive Möbel der Marke Avalon – daher auch der Name. Heute kann die zwischenzeitlich vom Abriss bedrohte, denkmalgeschützte Kraftwerkhalle mit ihrer rot-gelben Backsteinfassade als Event-Location gemietet werden. Der Bau befindet sich im Industriegebiet von München-Dornach. Neben dem Kraftwerk sind eine KFZ-Werkstatt, der S-Bahnhof Riem und die Galopprennbahn. Die exklusiven Vermarktungsrechte liegen in den Händen vom Käfer-Party-Service, dem größten Party-Service Europas. Seine Küchenkünste bietet er auch außer Haus an.

25 Gut Sonnenhausen

Den Alltag vergessen und stimmungsvoll feiern

Festlich gedeckte Tische in einer echten Reithalle

Eine stilvolle Location für Hochzeiten und Tagungen. Der Gutshof strahlt eine künstlerisch-kreative Atmosphäre aus und ist an Romantik fast nicht zu übertreffen.

Ihre Gäste werden schwärmen: Denn der über hundertjährige Gutshof Sonnenhausen verzaubert einfach jeden. Idyllisch liegt der Landsitz mit englischem Vorbild in der Nähe von Glonn – eine Oase mitten in der Natur. Drumherum sind Wiesen und Wälder, die zu einem Spaziergang einladen – am Wegesrand stehen Skulpturen und Naturkunstwerke. Durch ein Hoftor gelangt man in einen wunderschönen Innenhof mit Blumen und Springbrunnen – sehr romantisch für alle, die in einer Kutsche vorfahren möchten.

Der Empfang mit Kaffee und Kuchen findet meist hier im Freien statt. Gartenbänke, Liegestühle und Stehtische laden ein zum Verweilen und Entspannen. Die Kinder können spielen und rennen. Für das Festessen geht es dann ins kleine Restaurant (früher Schnapsbrennerei) oder den größeren Kapellsaal (früher Kapelle). Größere Gesellschaften feiern in der historischen Reithalle, die auch heute noch als Reithalle in Benutzung ist. Deswegen wird für Feste extra ein Boden verlegt.

Einen Tag lang Gutsbesitzer zu sein, hat seinen Preis. Wer hier abends feiert, muss auch 35 Betten belegen. Dafür ist das Team von Gut Sonnenhausen aber stets darum bemüht, dass die Gäste sich rundherum wohl fühlen: Einige Monate vor dem Festtermin gibt es zum Beispiel eine Infoveranstaltung für die Brautpaare: Eine Floristin stellt Tischdekorationen aus, die Mitarbeiter vom Gutshof Sonnenhausen werden vorgestellt, jeder bekommt einen festen

■ Anschrift
Gut Sonnenhausen
Sonnenhausen 2
85625 Glonn
Tel.: 08093/577 70
www.sonnenhausen.de

■ Räumlichkeiten
Restaurant: 50–70 Personen
Kapellsaal/Freiraum: 60–100 Personen
Reithalle: 100–250 Personen
Innenhof, Klostergarten

■ Küche
Ökologische, bayerisch-mediterrane Küche; kein À-la-carte-Restaurant

■ Preise
Restaurant: keine Raummiete
Kapellsaal/Freiraum: 420 Euro brutto
Reithalle: 650 Euro brutto zzgl. Bodenverlegung
Trauung im Klostergarten: 300 Euro
zzgl. Gedeckpreis pro Person
Buchung von mindestens 35 Betten verpflichtend

■ Übernachtungsmöglichkeiten
69 Betten; 41 Einzel- und Doppelzimmer; EZ ab 64 Euro; DZ ab 118 Euro

■ Sperrstunde
4 Uhr

■ Sonstiges
Trauung im Klostergarten möglich; in der Reithalle Kerzen nur in Glasgefäßen; keine Heizung vorhanden; kein Feuerwerk; Kinderbetreuung kann vermittelt werden.

Ansprechpartner und es gibt ein Buffet zum Verkosten verschiedener Gerichte: »Eine tolle Sache, man bekommt einen Eindruck von den Speisen und kann unterschiedliche Weine probieren«, berichtet eine Braut begeistert.

Die Küche von Gut Sonnenhausen arbeitet grundsätzlich mit Bioprodukten und fair gehandelten Waren aus ökologischem Anbau und artgerechter Tierhaltung. Die Menüs oder Buffets sind raffiniert und schmackhaft zubereitet: Limetten-Thymian-Sorbet mit Prosecco, Herrmannsdorfer Schweinebraten mit Kräutern, gebratene Polenta mit Shiitake und Steinchampignons, Rosmarin-Honig-Panna-Cotta oder Grand-Marnier-Parfait (Menü ab 39 Euro, Buffet ab 45 Euro pro Person).

Wer hier feiert oder tagt, erlebt eine geschmackvolle, künstlerisch-kreative Atmosphäre mit viel Liebe zum Detail und einer guten Portion Romantik. »Da das Gut nur von Pferdekoppeln und Wald umgeben ist, kann man die alltäglichen Dinge hinter sich lassen und sich ganz in seine Feier vertiefen«, erzählt ein Gast. Freunde und Verwandte übernachten in modernen, schlichten, schönen Zimmern, die nach ökologischen Gesichtspunkten gebaut und eingerichtet sind. Am nächsten Morgen, wenn alle ausgeschlafen haben, gibt es ganz entspannt noch ein gemeinsames Frühstück oder einen Brunch.

Oben: Eine tolle Kulisse für die Ankunft per Kutsche

Unten: Im Kapellsaal können bis zu 100 Personen feiern

26 Herrmannsdorfer Landwerkstätten

Was für ein wunderbarer Saustall

Feinste Bioküche in einer alten Scheune

Beste Bioprodukte, die vor der Haustüre gedeihen, werden gekonnt zubereitet. Das Ambiente in Scheune, Kornkammer und Tenne ist hell, freundlich, natürlich und modern – optimal für größere Feste.

Die meisten kennen die kleinen Läden der Herrmannsdorfer Landwerkstätten, in denen die leckeren, guten Bioprodukte angeboten werden. Aber nur wenige wissen, wo die Herrmannsdorfer Landwerkstätten liegen, geschweige denn waren schon mal dort. 25 Kilometer südöstlich von München in Richtung Ebersberg liegt der kleine Ort Glonn (hier gibt es gleich drei schöne Locations zum Feiern) und noch mal einige Kilometer außerhalb der Bilderbuchbauernhof. 1985 verwirklichte hier der ehemalige Herta-Wurstfabrikant Karl Ludwig Schweisfurth auf einem hundert Jahre alten, denkmalgeschützten Hofgut seine Vorstellung von ökologischer Regionalentwicklung in einem ganzheitlichen Sinn. Gemüse wird biologisch angebaut und Tiere dürfen gesund und natürlich aufwachsen. Aber hier werden auch die landwirtschaftlichen Erzeugnisse gleich in der hofeigenen Metzgerei, Bäckerei, Brauerei und Käserei verarbeitet und im Restaurant serviert.

Und es ist eine Reise wert: Die rosa-braunen Schweinchen begrüßen einen grunzend und die Kühe strecken einem ihre Nase hin, wenn man das Gelände betritt. Mittendrin liegt das Wirtshaus zum Schweinsbräu mit seinem Wirtsgarten und Restaurant. Chefkoch Thomas Thielemann fasziniert durch eine einfache, schlichte und ausgezeichnete Küche

■ **Anschrift**
Herrmannsdorfer Landwerkstätten
Herrmannsdorf 7
85625 Glonn
Tel.: 08093/909 40
www.herrmannsdorfer.de
www.schweinsbraeu.de

■ **Räumlichkeiten**
Wirtshaus zum Schweinsbräu: Restaurant und Empore: 150–200 Personen
Kunsttenne: 150–200 Personen
Kornkammer: 80–100 Personen

■ **Küche**
Mehrfach ausgezeichnete Küche von Küchenchef Thomas Thielemann im Wirtshaus zum Schweinsbräu, empfohlen u. a. von Feinschmecker, Gusto, Gault Millau, Marcellino's, Varta; in der Kunsttenne und Kornkammer: Catering »Tafeln mit Herrmannsdorfer«

■ **Preise**
Wirtshaus zum Schweinsbräu: keine Saalmiete oder Mindestumsatz
Kornkammer: 240 Euro netto Miete
Kunsttenne: 350 Euro netto Miete

■ **Übernachtungsmöglichkeiten**
Keine; mehrere Hotels in Glonn und Grafing

■ **Sperrstunde**
Wirtshaus zum Schweinsbräu: keine
Kornkammer und Kunsttenne: 2 Uhr

■ **Sonstiges**
Spielplatz und Bauernhof für Kinder

(Gault Millau 16 von 20 Punkten). Jeden Tag kann er sich sein Fleisch zum Schmoren oder Kochen frisch in der Warmschlachterei aussuchen. Erstaunlich, wie gut panierte Schweinekoteletts, Rote Bete oder Sellerie schmecken können. Thielemann: »Ich will den Eigengeschmack der einzelnen Zutaten so weit wie möglich erhalten. Salz und Pfeffer, mehr braucht es fast nicht.« Mit seinen Mitarbeitern steht der 39-Jährige in der offenen Küche und die Gäste können zusehen, wie die Rote Bete im karamellisierten Zucker schmort.

Auch das Ambiente stimmt: Eine große, alte, offene Scheune mit lichter Dachkonstruktion, kleine Schweinchen aus Bronze und moderne Kunstobjekte dekorieren den Saal. Ein Nebenzimmer gibt es leider nicht, wer hier also eine kleinere Familienfeier begeht, sitzt im offenen Restaurant.

Schlicht, gemütlich und mit viel Holz sind auch Kunsttenne und Kornkammer, zwei Räume auf dem Gelände der Herrmannsdorfer Landwerkstätten, die unabhängig vom Wirtshaus zum Schweinsbräu für Feste und Tagungen angemietet werden können. Die Küche übernimmt der hofeigene Caterer »Tafeln mit Herrmannsdorfer«, der eine ganz besondere Spezialität anbietet: über einem Feuergraben gegrillte Fleischspieße.

Oben: In der Kunsttenne verwöhnt einen der hofeigene Caterer

Unten: Weihnachtlicher Tischschmuck

27 Gut Georgenberg

Feiern auf der grünen Wiese und in einer alten Scheune

Im einsam gelegenen Gut kann man den ganzen Tag verbringen: in der Kapelle heiraten, im idyllischen Innenhof Kaffee trinken, in der alten Tenne speisen und tanzen und in der Suite nächtigen.

Einsam liegt der Bio-Bauernhof auf einem Hügel

Wer aus Glonn mit dem Auto Richtung Herrmannsdorf fährt, sieht schon von Weitem den Gutshof Georgenberg hinter Bäumen versteckt. Denn der Bio-Bauernhof liegt allein auf einer Anhöhe mit Blick auf die bayerischen Berge. Wer möchte und das nötige Kleingeld hat, kann den gesamten Hof für sich mieten und hier Traumhochzeit oder Firmenevent feiern.

Das Besondere des Gutshofs: Man kann die gesamte Feier dort ausrichten und muss nicht mehr ins Auto steigen. Denn auf dem Gelände von Georgenberg befinden sich eine kleine Kapelle, ein Innenhof mit alten Bäumen, ein großer Festsaal und ein paar Betten.

Die niedliche Kapelle ist eine der ältesten Kirchen im Landkreis. Bereits um 810 wurde sie als Bethaus errichtet. Vor dem Kirchlein plätschert Wasser aus einem alten Ziehbrunnen, Blumen blühen auf der Wiese und die Aussicht auf die Berge ist herrlich. Eine ideale Kulisse für einen fröhlichen Sektempfang und wunderschöne Fotos. Am Nachmittag sitzt die Festgesellschaft dann gemütlich im Innenhof zusammen, unter einem alten, großen Walnussbaum gibt es Kaffee und Kuchen. Kinder stören hier niemanden – sie haben unendlich viel Platz zum Spielen.

Auf der Wiese werden Luftballons steigen gelassen, wer will, kann sich im Steinbruch abseilen oder beim Bull-Riding beweisen. Abends geht's dann ein paar Treppenstufen hoch in die alte Tenne. Wo früher Heu und Stroh lagerten, sind heute ein großer, hoher Raum

■ **Anschrift**
Gut Georgenberg
85625 Glonn
Tel.: 08093/907 00
www.gut-georgenberg.de

■ **Räumlichkeiten**
Kaminzimmer: 15 Personen
Kleine Tenne: bis 70 Personen
Große Tenne: bis 250 Personen

■ **Küche**
6 Caterer zur Auswahl

■ **Preise**
Abhängig von Event und Jahreszeit, z. B. Hochzeit als Paketpreis zwischen 1950 und 2460 Euro netto zzgl. weitere Leistungen und Ausstattungen wie Bühne, Zelt, Grill

■ **Übernachtungsmöglichkeiten**
3 Suiten à 120–140 Euro

■ **Sperrstunde**
Keine

■ **Sonstiges**
Eigene Hofkapelle; große Wiese; Tiere auf dem Hof

Am liebsten wird unter dem alten Walnussbaum gedeckt

mit rustikalem Holzgebälk und Platz für bis zu 250 Personen sowie ein kleinerer Saal für bis zu siebzig Personen. Je nach Wunsch wird hier rustikal und einfach mit Bierbänken eingedeckt oder elegant an runden Tischen diniert. Und das mit Open End – bis Sie den Stecker ziehen. Die Verköstigung auf dem Hof erfolgt durch einen Caterer. Getränke können ohne Korkgeld mitgebracht werden. Und wer möchte, kann einen Bio-Lammspieß oder Lamm-Grill-Würste vom Hof haben. Kein Wunder, dass schon einige bayerische Minister, die Bands Brosis und No Angels und andere VIPs hier Familienfeste gefeiert oder Konzerte veranstaltet haben.

Insgesamt ist Feiern auf Gut Georgenberg nicht billig. »Der Besitzer weiß, dass seine Location beliebt ist und verlangt zum Beispiel für Beleuchtung oder den Raum für den Caterer noch mal extra«, erzählt eine Braut. »Aber wir würden jederzeit wieder hier feiern, man muss nur frühzeitig buchen.«

28 Schloss Amerang

In diesem Schloss werden Träume wahr

Edel und romantisch – Schloss Amerang bietet einen festlichen Rahmen für fast alle Anlässe – die jungen Besitzer, Baron und Baronin von Crailsheim, betreuen jeden Gast individuell.

Schloss Amerang ist ein Traum: Hunderte von Kerzen beleuchten die Arkaden, die Gäste sitzen an festlich gedeckten Tischen im trapezförmigen Renaissance-Innenhof, bei großen Festgesellschaften sogar in den Arkaden. Bei schlechter Witterung wird überdacht und beheizt: Ein hochmodernes, zeltartiges, transparentes Dach kann dazu automatisch ausgefahren werden. Zu später Stunde feiert die Festgesellschaft in der Dreisäulenhalle weiter oder schwingt im Gotischen Keller das Tanzbein.

Selbstverständlich ist man dabei unter sich: Nur die Schlossbesitzer, das junge Ehepaar Ortholf und Giulia von Crailsheim, wohnen – wie einst die Vorfahren – auf dem Anwesen. Einigen Gäste bietet sich die Möglichkeit, in kleinen, wunderschön im Landhausstil eingerichteten Zimmern zu übernachten. Und am nächsten Morgen kann es passieren, dass die Baronin persönlich das Frühstück ans Himmelbett serviert.

Mit viel Liebe und Elan haben der Baron und seine Frau Schloss Amerang vor dem Verfall gerettet. 1995 drohte das jahrhundertealte, auf einem Hügel thronende Gemäuer einzustürzen. Doch dank vieler Spenden und in Kooperation mit dem Bayerischen Landesamt für Denkmalpflege hat der gelernte Bankkaufmann das

■ **Anschrift**
Schloss Amerang
Schloss 1
83123 Amerang
Tel.: 08075/919 20
www.schlossamerang.de

■ **Räumlichkeiten**
Renaissancehof: 160 Personen
Arkaden: 130 Personen
Dreisäulenhalle: 90 Personen
Renaissancekeller: 50 Personen
Gotischer Keller: 40 Personen
Lambergsaal: 60 Personen

■ **Küche**
Freie Wahl des Caterers

■ **Preise**
Hochzeit exklusiv für 120 Personen inkl. Renaissancehof, Hofüberdachung, Küche, Dreisäulenhalle, Aufsicht, Heizung etc.: 5900 Euro brutto (Samstag) bzw. 4165 Euro (Freitag); kleinere Hochzeiten und andere Feiern: Preise auf Anfrage
Arkadengang: je 390 Euro
Gotischer Keller: 290 Euro
Lambergsaal: 570 Euro
Schlosskapelle: 350 Euro
Weitere Räume und Dienstleistungen: Preise auf Anfrage

■ **Übernachtungsmöglichkeiten**
9 Gästezimmer; 18 Betten; DZ ab 105 Euro

■ **Sperrstunde**
3 Uhr Musik aus, alles Weitere ist verhandelbar

■ **Sonstiges**
Kleine Kapelle im Schloss; Juli und August eingeschränkt vermietet wegen Sommerkonzerten; Feuerwerk und Luftballons nicht erlaubt; Dekoration gerne durch Giulia Freifrau von Crailsheim-Larisch; Oldtimer vom größten deutschen Automobilmuseum kann gemietet werden.

40-Zimmer-Gebäude sanieren lassen. Als Gegenleistung verpflichtete er sich, das Schloss als kulturelle Bühne aufrechtzuerhalten, als die es seine Eltern in den 1960er-Jahren ins Leben riefen.
Heute locken die Ameranger Schlosskonzerte viele Musikliebhaber in den Innenhof. »Ich will Schloss Amerang zum schönsten bewohnten, alten Schlossdenkmal in Bayern machen«, formuliert es der Besitzer.
Wer hier feiert, wird persönlich vom Baron und seiner Frau betreut und beraten. Über Kirche, Kutsche, Pfarrer bis zur Tischdekoration und dem Caterer wird auf Wunsch alles organisiert.
Die aufgeweckte Frankfurterin mit der langen blonden Mähne steckt voller Tatendrang, Geschmack und Stil. Kleine Olivenbäume, Windlichter, farbig getünchte Wände, gemütliche Kissen – alles wurde von ihr im mediterranen Landhausstil eingerichtet. Edel, dezent, verspielt und überhaupt nicht kitschig. »Jeder Besucher soll sich wie ein persönlicher Gast von uns fühlen. Wir sind als Schlossbesitzer immer ansprechbar und freuen uns sehr, wenn wir zu einem unvergesslichen Tag beitragen können«, sagt die junge Baronin mit strahlenden Augen. Ihre Dekorationen sind geschmackvoll und romantisch – hunderte von Kerzen und Rosen in kleinen Blumentöpfen.

Eine glanzvolle Kulisse mit vielen Kerzen im Innenhof von Schloss Amerang

Linke Seite: Schloss Amerang mit seinem trapezförmigen Innenhof

29 Kloster Seeon

Ein Ort der Ruhe und Entspannung

Zeit und Ort genießen an der Seeterrasse

Das ehemalige Benediktinerkloster strahlt bis heute Gastlichkeit, Tradition und Gelassenheit aus. In mehreren Kapellen kann man kirchlich und im historischen Keller standesamtlich heiraten.

Idyllisch liegt das ehemalige Benediktinerkloster mit seinen zwei mächtigen Zwiebeltürmen auf einer Halbinsel im Klostersee. 1993 entstand hier ein Weiterbildungs- und Kulturzentrum des Bezirks Oberbayern – ein Ort der Ruhe, der Gastlichkeit, der Inspiration und der Begegnung, ganz im Sinne des heiligen Benedikt.

Wer hier feiert, kann sein Auto getrost für ein Wochenende stehen lassen. Denn in den schön gestalteten ehemaligen Mönchszellen können die Gäste übernachten. Zur Trauung kommt der Standesbeamte samstags sogar höchstpersönlich in den gotischen Keller des Klosterwirts. Die kirchliche Trauung kann in einer der drei katholischen Kirchen stattfinden, evangelische Brautpaare dürfen die Marienkapelle am Ufer des Klostersees in Bräuhausen nutzen. Nach der Trauung zieht dann die ganze Festgemeinde hinter dem Brautpaar über eine kleine Holzbrücke hin zum Kloster.

Auf der Seeterrasse unter alten Kastanienbäumen gibt es Sekt, Snacks und Musik. Kaffee und Kuchen werden im Klosterstüberl serviert und das Abendessen entweder im 1000-jährigen gotischen gruftartigen Keller oder in der ehemaligen Bibliothek mit Holzkassettendecke. Während des Festes können sich die Gäste nach Wunsch auch mal auf die Zimmer zurückziehen oder einen Spaziergang in der idyllischen Landschaft des Klostersees machen, schwimmen gehen, die »Mozart-Eiche«, die große Wallfahrtskirche oder kleine Walpurgiskirche besuchen. »Wir hatten den Eindruck, dass sogar wir

■ **Anschrift**
Kloster Seeon
Klosterweg 1
83370 Seeon
Tel.: 08624/89 70
www.kloster-seeon.de

■ **Räumlichkeiten**
Gotischer Keller: bis 80 Personen
Ehemalige Bibliothek: bis 150 Personen
Seeterrasse am Wasser: bis 80 Personen
Großer Innenhof

■ **Küche**
Restaurant »Klosterwirt«

■ **Preise**
6 Euro Gedeckgeld pro Person

■ **Übernachtungsmöglichkeiten**
20 Doppelzimmer à 109 Euro; 69 Einzelzimmer à 63 Euro

■ **Sperrstunde**
1 Uhr; anschließend Nachtzuschlag für Mitarbeiter

■ **Sonstiges**
Von Weihnachten bis Neujahr geschlossen; Flügel im Festsaal vorhanden; Technik gegen Aufpreis; Standesamt im gotischen Keller; kirchliche Trauung in der Klosterkirche St. Lambert, der Walpurgiskirche oder Marienkirche möglich

als Brautpaar während der Hochzeit Ruhe und Entspannung gefunden haben.«

Das Kloster strahlt eine große Ruhe aus

Die Location ist sehr beliebt und muss lange im Voraus gebucht werden. Es kommt vor, dass bis zu drei Hochzeiten gleichzeitig stattfinden und auch Hochzeitspaare mit ihrem Fotografen zum Fotoshooting vorbeikommen. »Trotzdem ist die Stimmung entspannt und persönlich und es kommt nicht zu einer Massenabfertigung«, erzählt ein Brautpaar.

Fürs leibliche Wohl sorgt der Klosterwirt, der regionale, saisonale Gerichte mit einem Hauch von Raffinesse anbietet: Lachstranche vom Grill auf Schnittlauchsauerrahmsoße, rosa gebratene Entenbrust im Rosmarinsafterl und zum Nachtisch Tannenhonig-Sahne und Lavendeleis mit frischen Feigen. Dazu werden original würziges Klosterbier oder extra abgefüllte «Kloster-Seeon-Weine» serviert.

Im Kloster Seeon paart sich die Atmosphäre von Tradition und Spiritualität eines alten Benediktinerklosters mit der eines topmodernen Tagungsbetriebes.

30 Schloss und Hofmark Pertenstein

Tafeln wie im Mittelalter: eine märchenhafte Burg an der Traun

Eine prächtige mittelalterliche Burganlage

Ein Schloss mit dem Flair einer mittelalterlichen Burg. Die verschiedenen Gemächer bieten viele Möglichkeiten, stilvoll und dennoch nicht abgehoben zu feiern.

»A bisserl nobel – a bisserl lescheer« – so lautet das Motto von Schloss Pertenstein in der Nähe von Traunreut. Der über 700 Jahre alte Adelssitz ist ein kleines Landschlösschen und eine mittelalterliche Burg. Es gibt hier keine großen Säle, sondern viele kleine Zimmer, und genau das ist Geschmacksache. Für manche ein Grund, hier nicht zu feiern, andere lieben genau das an Schloss Pertenstein. »Wenn wir mal feiern, dann nur hier«, erzählt ein Gast. »Eine Location, die ganz anders ist, als alles, was wir jemals gesehen hatten. Es wirkt wie eine Burg aus dem Mittelalter.« Hier finden auch regelmäßig Ritter- oder Märchenfeste statt und manche Brautpaare kommen sogar als Rittersleut.

Im kleinen Innenhof wird häufig Kaffee und Kuchen gedeckt, hier oder in der eigenen kleinen Schlosskapelle finden aber auch Trauungen statt. Über eine schmale, steile Treppe gelangt man in den ersten Stock des ehemaligen Wasserschlosses und zu den gräflichen Fürstenzimmern. Große Flügeltüren verbinden die drei Zimmer, in denen runde Tische oder lange Tafeln fürs Festessen aufgebaut werden. Von hier oben hat man einen wunderbaren Blick auf das glitzernde Wasser der Traun. Nach dem Abendessen zieht die ganze Festgesellschaft dann weiter – entweder in den Carl-Orff-Saal oder den Gewölbekeller zum Tanz, in den Innenhof zum Ratschen

■ Anschrift
Schloss Pertenstein
Schloßstr. 4
83301 Traunreut-Matzing
Tel.: 08669/65 00
www.schloss-pertenstein.de

■ Räumlichkeiten
Gewölbesaal im EG
Mehrere Fürstenzimmer für 20, 30 und 60 Personen
Carl-Orff-Saal: 65 Personen
Schlossinnenhof
Säulenhalle im Gut Pertenstein: 150–700 Personen
Marstallsaal im Gut Pertenstein: bis 400 Personen

■ Küche
Freie Wahl des Caterers

■ Preise
Schloss gesamt und exklusiv: 2000 Euro netto
Marstall und Säulenhalle: je 2000 Euro netto

■ Übernachtungsmöglichkeiten
Hochzeitssuite im Schloss; Appartement im Gut

■ Sperrstunde
Keine

■ Sonstiges
Eigene Schlosskapelle; Schlosshof auch für Trauungen; eigene Pferde und Kutsche; Terrasse; Obstgarten; große Wiese vor dem Schloss

oder auf die Arkaden, um zu rauchen. »Ich fand es toll, dass man im Laufe des Festes immer wieder den Ort gewechselt hat. Die Leute sollen sich bewegen«, so eine Braut.

Doch noch jemand geistert hier im Schloss herum – die »weiße Frau«. Seit dem 14. Jahrhundert soll die sagenumwobene Dame durch die Gemäuer spuken und mit ihrem weißen, wallenden Gewande so manchem Angst und Schrecken einjagen. Doch weder Anni Friesinger, Alfons Schuhbeck, Carolin Reiber noch die Mitarbeiter der Deutschen Bank oder der Süddeutschen Zeitung haben sich davon abhalten lassen, in den wunderschönen Schlossgemächern zu verweilen.

Ganz anders feiert es sich im Marstall hinter dem Schloss. Der Gutshof wurde nach einem Brand im Jahr 2002 neu errichtet. Seitdem wird hier ein reges Kulturprogramm angeboten. Die Räume können aber auch von Firmen und Privatleuten angemietet werden. Und mit einigem Aufwand (Licht, Dekoration, Bestuhlung) wird aus der beeindruckenden Säulenhalle im Erdgeschoss eine traumhafte Location für eine Hochzeit oder eine Firmenfeier.

Oben: Die kleinen Fürstenzimmer sind durch Flügeltüren miteinander verbunden

Unten: Blick auf den Innenhof

31 SonnenAlm auf der Kampenwand

Heiraten auf 1500 Metern über dem Meeresspiegel

Eine Hütte für alles: fürs Feiern, das Übernachten und sogar zur Trauung

Mit der Seilbahn geht es hoch auf 1500 Meter. Nur wenige Meter zu Fuß liegt die SonnenAlm. Eine Almhütte mit wunderschönen Terrassen und zwei rustikalen, großen Sälen.

Die SonnenAlm ist genau richtig für alle, die mitten in den Bergen feiern wollen. Mit der Gondel geht es in einer Viertelstunde hoch auf die Kampenwand. Von dort aus genießt man einen überragenden Blick in die Zentralalpen. Vom Watzmann über den Großglockner bis hin zum Großvenediger – für Liebhaber von Natur und Alpenpanorama wird alles geboten. Nur wenige Meter von der Bergstation entfernt liegt die SonnenAlm – eine bayerisch geführte Hütte für hungrige Bergsteiger und fröhliche Festgäste. Auch wer nicht ganz so sportlich ist, kann trotzdem ohne Probleme anreisen. Auf der windgeschützten, separaten Panoramaterrasse werden Sekt und Kuchen (eigener Konditor) gereicht. In den Gasträumen im 1950er-Jahre-Stil geht es entspannt zu – rund zweihundert Personen können ganz ohne Sperrstunde bis in die Morgenstunden rustikal und bayerisch feiern. Ein besonderes Schmankerl der Kampenwandhütte ist, dass hier oben in luftiger Höhe standesamtlich und kirchlich getraut wird. Das Standesamt Aschau hat auf der SonnenAlm eine Außenstelle. Vor der Kapelle an der Steinlingalm oder unterhalb des Gipfelkreuzes und des markanten Felsmassives kann unter freiem Himmel die kirchliche Trauung stattfinden (Stöckelschuhe lieber zu Hause lassen!).

Wenn die Tagesgäste am frühen Abend langsam nach Hause wandern, kehrt unendliche Ruhe ein – nur noch ein paar Kuhglocken bimmeln. Dann brennen die Fackeln auf

■ **Anschrift**
SonnenAlm
An der Bergbahn 8
83229 Aschau im Chiemgau
Tel.: 08052/44 11
www.kampenwand.de

■ **Räumlichkeiten**
Teufelssteinraum: 100 Personen
Edelweißraum: bis 200 Personen
Zwei separate Terrassen mit 120 bzw. 200 Plätzen

■ **Küche**
Eigenes Restaurant; bayerische Küche mit regionalen Spezialitäten

■ **Preise**
Keine Saalmiete und kein Mindestumsatz

■ **Übernachtungsmöglichkeiten**
56 Betten in Zwei- bis Sechsbettzimmern mit Frühstück à 34,50 Euro

■ **Sperrstunde**
Keine

■ **Sonstiges**
Standesamtliche Trauung des Standesamtes Aschau vor Ort möglich;
Partner von Kinderland Bayern

der Terrasse, in einem Feuerkessel gibt es Punsch und das Highlight ist dann noch ein Feuerwerk um Mitternacht.
Wer nicht mehr kann, fährt per Sonderfahrt zurück ins Tal oder fällt direkt auf der SonnenAlm ins Bett. Am nächsten Morgen erwartet dann alle noch ein ausgiebiges Frühstück mit Weißwürsten, frischen Brezn, Champagner, Lachs und vielem mehr.
Auf der SonnenAlm lässt es sich sommers wie winters locker und ungezwungen feiern. »Die Chefin und alle von der SonnenAlm sind ein super Team und haben Spaß an dem, was sie tun. Das kommt rüber und das finde ich immer wichtig«, erzählt ein Gast. Die Preise sind erfreulich günstig und nicht so überdreht wie sonst in der Region. Es gibt bayerisches, mexikanisches, mediterranes Essen – alles, was das Herz begehrt. Und österreichischen Wein.

Oben: Kirchliche Trauung unter dem Gipfelkreuz

Unten: Von der Terrasse aus sieht man bis zum Großvenediger

Süden

32 Speck-Alm

Wunderkerzen-Kaiserschmarrn in luftiger Höhe

Bayerische Gemütlichkeit

Die Speck-Alm ist eine wunderschön gelegene Berghütte im Oberen Sudelfeld mit einer urig-gemütlichen Gaststube für Feste aller Art. Die Wirtsleute sind herzlich und gut gelaunt.

Mitten im Skigebiet Sudelfeld bewirtschaftet die fröhliche Familie Ettenhuber (»Über 1000 Meter sagt man Du zueinander«) seit 2002 die Speck-Alm. Im Sommer sitzen die Wanderer auf der Terrasse und genießen den Blick auf den Wendelstein und die grasenden Kühe, im Winter wärmen sich hier die Skifahrer beim Après-Ski die kalten Glieder. Und immer wieder sieht man hier oben auch Brautpaare – in Tracht oder in Weiß – die ausgelassen feiern. »Wir wollten etwas unkonventioneller heiraten, nicht so steif an langen, weiß gedeckten Tafeln. Und da viele Gäste aus Norddeutschland kamen und nur Wasser, aber nicht die Berge haben, suchten wir eine Berghütte«, erzählt ein Brautpaar.

Innen ist die Speck-Alm urig, verwinkelt, mit viel Holz, niederen Decken, einem Kamin, einer Bar und einem Beichtstuhl im Gastraum (!). An den Holzbalken hängen Rauchwürste, die wahrscheinlich im Laufe des Abends anfangen zu schwitzen. Die Tische sind schlicht gedeckt, etwas Blumenschmuck und eine Serviette – das war's.

Was auf den Tisch kommt, ist absolut lecker: Ente, Spanferkel, Knödel und Blaukraut werden in großen Pfannen auf den Tisch gestellt, sodass sich jeder selbst bedienen kann. Es wird nachgefüllt, bis alle platzen. Als Nachspeise gibt es Grießpudding mit Himbeerspiegel, Waldbeerengrütze mit Vanillesauce und frischen Kaiserschmarrn mit Wunderkerzen aus der Riesenpfanne.

Das Bier vom Fass kann selbst gezapft werden: »Alles kam prompt, die Mitarbeiter waren immer gut gelaunt und haben später sogar selbst mitgefeiert und nicht auf die Uhr geschaut«, so ein Brautpaar. »Und wir waren an-

Anschrift
Speck-Alm
Oberes Sudelfeld 2
83735 Bayrischzell
Tel.: 08023/14 42
www.speck-alm.de

Räumlichkeiten
Speck-Alm-Stube: bis 110 Personen
Speck-Alm-Kuche: bis 45 Personen
2 Terrassen

Küche
Gutbürgerliche, bayerische Küche

Preise
Keine Saalmiete, kein Mindestumsatz

Übernachtungsmöglichkeiten
Betten für 60 Personen; ab 20 Euro

Sperrstunde
2 Uhr

Sonstiges
Kleiner Spielplatz; Trauung in der St.-Leonhard-Kapelle am Sudelfeld-Grafenherberg oder vor der Privatkapelle des Berggasthofes Rosengasse möglich

genehm überrascht, als uns Anna am nächsten Morgen auf der Terrasse die Rechnung präsentierte.«

Zwei große Vorteile hat die Speck-Alm außerdem: Man ist mitten in den Bergen und kann trotzdem mit dem Auto bis vor die Haustür fahren. Und es gibt Übernachtungsmöglichkeiten für fast alle Gäste, in Doppelzimmern oder im Matratzenlager. Einziger Nachteil: Die Zimmer sind hellhörig. Wer früher ins Bett gehen will, braucht also dringend Ohropax – denn die wenigsten Brautleute halten sich an die Tradition, dass eine echte bayerische Hochzeit um Mitternacht zu Ende ist. Wer also unkonventionell und nicht an edel gedeckten Tischen mit silbernen Kerzenleuchtern feiern möchte, ist auf der urigen Speck-Alm genau richtig!

Eine Trauung ist oben auf dem Berg auch möglich – unter freiem Himmel vor einer winzigen Privatkapelle oder in der St.-Leonhard-Kapelle am Sudelfeld-Grafenberg.

Die Leute kommen zum Wandern, Ski fahren und Feste feiern in die Speck-Alm.

Vorhergehende Doppelseite: Vom Leeberghof hat man einen traumhaften Blick auf die Egerner Bucht und die Tegernseer Bergwelt

33 Sillberghaus

Berghütte mit einmaligem Konzept

Rund eine Stunde südlich von München bei Bayrischzell hat ein junges Paar eine Almhütte gekauft und liebevoll renoviert. Das Anwesen soll Deutschlands erstes Almbad mit Lodge werden.

Vor dem Kamin sitzen, ratschen und die Einsamkeit genießen

Wer zum Sillberghaus will, muss eine halbe Stunde den Berg hochsteigen. Mit Fackeln in der Hand oder Schlitten im Gepäck ist das schon ein Erlebnis. Oben angekommen belohnt einen dann eine liebevoll renovierte Almhütte in bester Lage: Kein Mensch weit und breit, nur ein paar Kühe, dazu Sonne von morgens bis abends, eine große Terrasse mit blauen Sonnenschirmen und eine leckere Rhabarbersaftschorle.

Die beiden Hüttenwirte Peter und Petra haben sich einen Traum erfüllt und die Almhütte 2007 gekauft und renoviert. Im Jahr 2008 wollen sie ein weiteren Traum wahrmachen: Das Sillberghaus soll Almbad und Lodge werden mit einem herrlichen Open-Air-Schwimmbad und einer finnischen Holzsauna.

In der Gestaltung der Innenräume steckt viel Liebe zum Detail: In den drei urigen Stuben leuchten orangefarbene Vorhänge, vor dem knisternden Kamin stehen gemütliche Ledersofas. Die Zimmer im ersten Stock sind in hellem Weiß, Silber und Hellbau gehalten. Die 28 Betten verteilen sich auf kleine Zweibettzimmer mit Stockbetten und drei Almsuiten mit wunderschönen individuellen Möbeln und kleinen Accessoires. Klassisch, schlicht, kein Kitsch und gar nicht verstaubt. Übrigens gibt es einige der schönen Dinge vom Berg auch zu kaufen: die himmelblau bespannten Holzsonnenschirme, Honig, Marmelade.

Genießer einfacher Kost werden verwöhnt: Es gibt Käse-Fondue, Kartoffelsuppe, Kaiserschmarrn, Brettl-Jause, Buttermilch, hausgemachte Marmelade, gutes frisches Krusten-

■ Anschrift
Sillberghaus
Tiroler Str. 70
83735 Bayrischzell
Tel.: 08023/533
www.sillberghaus.de

■ Räumlichkeiten
Gasträume und Terrasse jeweils bis zu 65 Sitzplätze

■ Küche
Einfache Kost aus der Alpenregion

■ Preise
Das Sillberghaus wird nur komplett vermietet, Kosten zwischen 580 und 980 Euro brutto

■ Übernachtungsmöglichkeiten
28 Betten in 12 Zimmern à 38 Euro; Einzelübernachtungen nur, wenn das Haus nicht ausgebucht ist.

■ Sperrstunde
Keine, aber nach Mitternacht darf man sein Bier selbst zapfen.

■ Sonstiges
Sonnenschirme, Honig, Edelbrände usw. können erworben werden.

Von morgens bis abends wird das Sillberghaus von der Sonne verwöhnt

brot, Obstbrände – alles biologisch orientiert und aus der Region. Eine Mikrowelle oder Fritteuse sucht man hier vergebens, ebenso wie Cola oder Currywurst.

Das Sillberghaus ist hervorragend für Firmen geeignet, die mal einen Workshop an der frischen Luft machen wollen (WLAN, Beamer, Leinwand vorhanden). Aber auch Hochzeiten und Geburtstage kann man hier feiern, am besten gleich ein ganzes Wochenende lang, mit Rodeln oder Schneeschuhwandern im Winter, Wandern und Mountainbiken im Sommer. Ein Adidas-Mitarbeiter erzählt: »Für unsere mehrtägige Management-Tagung sind die gemütliche Atmosphäre des Sillberghauses, die Möglichkeit zu unterschiedlichsten Outdoor-Aktivitäten und die sehr familiäre Betreuung Gründe genug, schon bald wiederzukommen.«

Die Almlodge wird nur komplett mit Übernachtung und Essen vermietet: Doch wer neugierig ist und mal eine Wanderung dorthin machen möchte – von Freitag bis Sonntag und an Feiertagen ist das Sillberghaus von 10 bis 20 Uhr für alle geöffnet. Auf der Terrasse oder in einer Gaststube ist immer ein Plätzchen frei.

34 Hasenöhrl

Unter den Top 10 der Eventlocations in Deutschland

Der Einfirsthof am Fuße des Wendelsteins steht unter Denkmalschutz

Ein historischer Bauernhof mitten in den Bergen mit Blick auf den Wendelstein, wo Abenteuerlustige im Hochseilgarten kraxeln oder Schneeschuhwandern können.

Hasenöhrl – das ist kein Ortsname, sondern der Nachname von Bärbl und Frank. Die Hauswirtschafterin und leidenschaftliche Köchin und der Sportlehrer und Eventmanager haben sich zusammen mit dem alten Bauernhof aus dem 16. Jahrhundert ihren Lebenstraum erfüllt. Jahrelang haben sie alte ländliche Gegenstände gesammelt und viele alte Höfe begutachtet, bis sie das recht betagte und unter Denkmalschutz stehende Bauernhaus in Geitau nahe Bayrischzell gefunden haben.

Mit viel Engagement und Liebe wurde es 2001 kernsaniert und hergerichtet. Wichtig war den beiden, dass der historische Charakter des alten Hauses erhalten bleibt und die Räume viel Gemütlichkeit ausstrahlen. Im Kachelofen lodert das Feuer, in den Toiletten fließt das Wasser in ein altes Steinwaschbecken (die Toiletten muss man gesehen haben!) und im Flur plätschert noch eine eigene Quelle. Tausend liebevolle Details machen den Hasenöhrl-Hof zu einem echten Kleinod.

Der große historische Stadl eignet sich optimal für Hochzeiten, große Geburtstage oder Firmenevents mit bis zu 450 Personen, rustikal, schlicht und gemütlich, mit Bühne, Bar und viel Kerzenlicht. In den historischen Bauernstuben können Gruppen bis zu 50 Personen gemeinsam kochen oder tagen.

Aber das Hasenöhrl ist mehr als nur ein Platz zum Feste feiern: Zum Hof gehören rund 20 Hektar schöne Voralpenlandschaft, Wiesen, Hügel, Bäche und Wald. Am Fuß

■ Anschrift
Hasenöhrl Hof
Geitau 5
83735 Bayrischzell/Geitau
Tel.: 08023/819 33 44
www.hasenoehrl.de

■ Räumlichkeiten
7 Bauernstuben
Historischer Stadl: bis 450 Personen
Gesamt: bis 700 Personen

■ Küche
Nutzung nur mit Hasenöhrl-Catering,
kein À-la-carte-Restaurant

■ Preise
Stadl: 1000 Euro netto und auf Anfrage
Je Stube: 180 Euro netto
Hof gesamt: saisonabhängig ab 1500 Euro netto
Bühne, Grundausstattung und Tagungstechnik im Preis inbegriffen

■ Übernachtungsmöglichkeiten
Keine; Pensionen und Gästehäuser zu Fuß erreichbar

■ Sperrstunde
Keine; aber Lärmschutz ab 23 Uhr

■ Sonstiges
Erlebniskochen; eigenes Outdoor-Areal und Outdoor-Equipment; eigener Hochseilgarten; individuelle Rahmenprogramme; Training

des Wendelstein-Massivs können die Gäste je nach Jahreszeit Schneeschuhwandern, Mountainbiken, Paddeln und Klettern. Und im Hochseilgarten in Sichtweite des Hauses lernen so manche Chefs und ihre Mitarbeiter Vertrauen, Koordination und Kooperation. Alles organisiert von Frank Hasenöhrl und seinem Eventteam. Und in der Küche am alten Holzofen werden fast jede Woche Kochevents von Bärbl Hasenöhrl und ihren Erlebnisköchen angeboten.

Die Gäste sollen sich hier wohlfühlen, abschalten und loslassen können – das ist das Motto des Hasenöhrl-Teams. Kein Wunder, dass hier schon große Firmen und Privatleute gefeiert und getagt haben. Wer hierher kommt, wird absolut professionell, unkompliziert und herzlich betreut. »Selbst wenn wir im Vorfeld unangemeldet vorbeigeschaut haben, hat man sich immer Zeit für uns genommen, wir fühlten uns wie bei Freunden«, erzählt ein Brautpaar, das dort gefeiert hat. »Der Hochzeitstag kann eine Menge Stress bedeuten, aber das haben die Hasenöhrls bei uns total abgefangen.«

Oben: Wo früher Heu und Wagen lagerten, wird heute gern gefeiert

Unten: Eine Bauernküche wie aus dem Bilderbuch – für Tagungen und Erlebniskochen

35 Wirtshaus im See

Allein auf einer einsamen Insel

Kein normales Wirtshaus im Grünen, sondern auf einer Insel

Reif für die Insel? Mitten im Schliersee liegt die Insel Wörth: Ein traumhafter Ort, um Freunde aus aller Welt mit gutem Essen, herrlichem Bergpanorama und idyllischer Einsamkeit zu beeindrucken.

Das auf einer einsamen Insel mitten im Schliersee gelegene Wirtshaus im See ist ein echter Geheimtipp und eine Traum-Location für Romantiker und Bergfreunde. Denn einen Tag lang haben Sie und Ihre Gäste diese Insel ganz für sich allein. Auf dem idyllischen Eiland steht nur das Wirtshaus mit einem Aussichtsturm, einem kleinen Blockhaus, Liegewiesen und dem Bootshaus. »Baden, spielen, Hochzeit machen oder einfach herzlich lachen!« – so heißt das Motto der Wirtsleute. Und wenn das Wetter passt, gibt es nichts Schöneres, als über den See zu schippern, die Aussicht zu genießen, die Füße ins glitzernde Wasser zu hängen und den Untergang der Sonne hinter den Bergen zu beobachten. Wenn man sich dann gemütlich ins Haus zurückzieht, braucht man nur noch darauf zu warten, bis das Spanferkel über dem Grill knusprig wird.

Innen ist das Wirthaus ein großer, offener Raum. Nach vorne hin liegt die längliche Jägerlateinstube, wo meist die mit Rosen und Kerzen dekorierte Festtafel aufgebaut wird. In der kleineren Jennerweinstube steht das Buffet und die Treppe hoch gibt es noch weitere Sitzmöglichkeiten. An eine bayerische Stube erinnern nur die Namen und ein Geweih. Doch selbst das hängt stylish beleuchtet an einer grün gestrichenen Wand. Ansonsten ist die Einrichtung schlicht und modern.

Auf den Tisch kommen Fischspezialitäten, saftiger Rostbraten, Strudelvariatio-

■ Anschrift
Wirtshaus im See
Insel Wörth 1
83727 Schliersee
Tel.: 08026/929 95 88
www.wirtshaus-im-see.de

■ Räumlichkeiten
Jägerlatein: bis 90 Personen
Jennerweinstube: bis 30 Personen
Hochsitz: bis 50 Personen
Große Terrasse, Aussichtsturm, Bootshaus, Blockhaushütte

■ Küche
Gehobene bayerisch-internationale Küche; empfohlen u. a. von Marcellino's, Varta

■ Preise
Exklusivmiete von Mo.–Fr. 750 Euro, Sa. 1500 Euro brutto.
Die Schiffsüberführung kostet als Anbindung mit einer Rundfahrt 5 Euro und abends 3,50 Euro

■ Übernachtungsmöglichkeiten
Eine Hochzeitssuite, mehrere Hotels in Schliersee

■ Sperrstunde
Keine

■ Sonstiges
Mit Strand und Liegewiese; bei Bedarf auch Ruder- und Tretboote; 5000 m^2 große Wiese; Hüpfburg; Sandkasten; Veranstaltungen im Winter nur möglich, wenn der See gerade nicht abtaut oder zufriert.

nen. Zu empfehlen ist auch das mediterrane Buffet (ab 41 Euro pro Person), das mehr als die üblichen Klassiker aufbietet: geräucherte Entenbrust mit Kartoffel-Speckdressing oder geschmorte Rinderbäckchen in Rotwein. Nach der Feier müssen dann alle Gäste und die Wirtsleute aufs Festland schippern, denn nur dem frisch gebackenen Hochzeitspaar ist die Übernachtung auf der Insel vorbehalten: Die Nacht der Nächte wird hier in der Suite mitten im Schliersee also garantiert ungestört verbracht.

Eine Warnung am Rande: Die Überfahrt vom Anlegesteg in Schliersee auf die Insel dauert zwar nur wenige Minuten – doch die kann trotzdem ganz schön ins Geld gehen. Denn wer hier exklusiv feiert, muss auch exklusiv ein Boot mieten. Und am Abend wollen die Gäste meist nicht alle zur gleichen Zeit ins Bett fallen. Die Wirtsleute haben zwar ein Inseltaxi – ein mit Solarenergie betriebenes Boot, in das 24 Leute passen – aber das ist nur für Notfälle.

Oben: Lange Festtafel im stimmungsvollen Jägerlatein

Unten: Reserviert für die Hochzeitsnacht!

36 Leeberghof

Ein kleines Hotel mit der »schönsten Bar« der Welt

Die Possenhofener Stube für kleine Familienfeiern

Von den sonnenverwöhnten Terrassen des neu renovierten Leeberghofs hat man einen sagenhaften Blick auf die Tegernseer Bergwelt. Drinnen feiert es sich im gehobenen bayerischen Ambiente.

Mit viel Aufwand wurde der rund 150 Jahre alte Leeberghof drei Jahre lang renoviert und im Frühjahr 2006 wiedereröffnet. Nur eine einzige Wand ist vom alten Gebäude übrig geblieben. Mit ihren Inschriften und Malereien erinnert sie an die wechselhafte Vergangenheit des Anwesens: von einer Sommerresidenz des Münchner Bierbrauers Pschorr über ein kleines Ausflugslokal bis hin zum Hotel mit Restaurant.

Der Leeberghof liegt oberhalb von Tegernsee am Ende der Straße, weiter hoch geht es nicht. Hier oben hat man einen sagenhaften Blick auf den blaugrün schimmernden See, eingerahmt von Wiesen, Wäldern und Bergen am Horizont. Nach dem Umbau strahlt das Haus in neuem Glanz: adrett, edel, im gehobenen Landhausstil mit vielen liebevollen Details wie Barockengeln, Serviettenringen mit Hirschmotiv oder offenem Kamin. Keines der 15 Zimmer gleicht dem anderen, alle sind im modernen bayerischen Landhausstil eingerichtet.

Das ganz besondere Schmankerl des Leeberghofs ist die legendäre SASSA-Bar, die ein paar Schritte oberhalb des Leeberghofes steht und die von einem Reisejournalisten einmal überschwänglich zur »schönsten Bar der Welt« erklärt wurde. Viele Stars und Sternchen von München bis Sylt haben in den 1980er- und 1990er-Jahren in dem kleinen Pavillon bis in die Morgenstunden gefeiert, getrunken und getanzt. Im Winter wird heute eine Eisbar vor der Tür aufgebaut.

■ Anschrift
Leeberghof – Restaurant, Bar, Hotel
Ellingerstr. 10
83684 Tegernsee
Tel.: 08022/18 80 90
www.leeberghof.de

■ Räumlichkeiten
Possenhofener Stube: 25 Personen
Leebergstube: 80 Personen
Stube Zum wilden Jäger: 12 Personen
Raum Karl Valentin: 15 Personen
SASSA-Bar: 40 Personen
Terrassen: 60–80 Personen

■ Küche
Gehobene regionale und internationale Küche; empfohlen u. a. von Gusto

■ Preise
Mindestumsatz abends brutto:
Possenhofener Stube bei 25 Personen: 2500 Euro
Leebergstube bei 80 Personen: 8000 Euro
Karl Valentin bei 15 Personen: 1500 Euro
SASSA-Bar exklusiv: 2500 Euro

■ Übernachtungsmöglichkeiten
28 Betten in 2 EZ und 13 DZ; EZ ab 78 Euro; DZ ab 198 Euro in der Hauptsaison

■ Sperrstunde
Keine; Live-Musik im Freien nur bis 22 Uhr möglich

Der Leeberghof bietet sich vor allem für Familienfeste im kleineren, privaten Rahmen an. Viele Gäste starten mit dem Apero am Nachmittag auf den Terrassen, machen noch eine Rundfahrt auf dem Tegernsee oder einen Spaziergang auf dem Höhenwanderweg und ziehen sich dann zum festlichen Abendessen ins Haus zurück. In der größeren Leebergstube können bis zu 80 Personen an runden Tischen oder langen Tafeln speisen. Bei größeren Gesellschaften wird die Tür zur Possenhofener Stube (bis 25 Personen) geöffnet, hier wird das Buffet aufgebaut oder Wiener Walzer getanzt. Bei warmen Temperaturen ist ein Barbeque auf der SASSA-Terrasse sehr beliebt, es gibt Rinderfilet, Scampi-Spieße, Steckerlfisch oder Lammrücken vom Grill. Dazu sorgen Kerzen, Fackeln und Lichterketten für viel Flair. Seit dem 1. Mai 2008 hat der Leeberghof mit Frank Mollenhauer einen neuen Küchenchef. Seine Spezialität ist die gehobene bayerische Küche mit einem Schuss Exotik: Das Wolfsbarschfilet wird mit Akazienhonig-Stielkapern-Vinaigrette serviert und die Crème Brulée mit Zitronengras verfeinert.

Oben: Der Leeberghof bei Nacht

Unten: Schön eingedeckt!

37 Schifffahrt auf dem Ammersee, Starnberger See und Tegernsee

Zünftige Brotzeit und eine frische Brise

Eine frische Brise auf hoher See

Die Schiffe auf den oberbayerischen Seen sind ein ganz besonderer Ort für Hochzeiten, Geburtstage oder Firmenfeiern. Während das Schiff über das Wasser gleitet, genießen die Gäste die herrliche Aussicht auf dem Deck. Vom nostalgischen Schaufelraddampfer bis zum modernen Motorboot ist alles dabei.

■ Anschrift
Bayerische Seenschifffahrt GmbH
www.seenschifffahrt.de
Betriebsteil Ammersee
Tel.: 08143/940 21
Betriebsteil Starnberger See
Tel.: 08151/80 61
Betriebsteil Tegernsee
Tel.: 08022/933 11

■ Räumlichkeiten
Ammersee:
RMS Herrsching innen: bis 150 Personen
RMS Dießen innen: bis 95 Personen
MS Augsburg innen: bis 100 Personen
MS Utting innen: bis 70 Personen
Starnberger See:
Starnberg: innen bis 300 Personen
Seeshaupt: innen bis 280 Personen
Bayern innen: bis 130 Personen
Bernried innen: bis 100 Personen
Tegernsee:
MS Tegernsee und MS Rottach-Egern: bis 130 Personen
MS Wallberg, MS Kreuth, MS Gmund bis 60 Personen
MS Wallberg, MS Kreuth und MS Gmund nur eingeschränkte Bewirtung; kann selber organisiert werden; keine sanitären Einrichtungen; kein Stromanschluss

■ Küche
Bewirtung auf dem Ammersee und Starnberger See ausschließlich durch Schiffsgastronomie Paul Müller; Bewirtung auf dem Tegernsee ausschließlich durch Schiffsgastronomie Tegernsee Partyservice und Catering Peter Blümer

■ Preise (brutto)
Charterpreise Ammersee:
RMS Herrsching: ab 3150 Euro
RMS Dießen: ab 2650 Euro
MS Augsburg: ab 1890 Euro
MS Utting: ab 1150 Euro
Charterpreise Starnberger See:
Starnberg: ab 3690 Euro
Seeshaupt: ab 3190 Euro
Bayern: ab 1990 Euro
Bernried: ab 1790 Euro
Die Preise gelten für 3,5 Stunden Nutzungszeit; jede weitere Stunde kostet zwischen 100 und 400 Euro extra.
Charterpreise Tegernsee:
MS Tegernsee oder MS Rottach-Egern: ab 1290 Euro (2,5 Std. Nutzungszeit)
MS Wallberg, MS Kreuth, MS Gmund: ab 300 Euro (1–1,5 Std. Nutzungszeit)
Jede weitere Stunde kostet zwischen 100 und 185 Euro extra.

■ Übernachtungsmöglichkeiten
Keine

■ Sperrstunde
0 Uhr

■ Sonstiges
Nur von März/April bis Oktober; die meisten Schiffe verfügen über großzügige Außendecks zum Teil mit Beschattung und Thekenbereich; Kinderspieleinrichtungen teilweise vorhanden

»Eine Seefahrt, die ist lustig, eine Seefahrt, die ist schön« – aber nur, wenn alle Gäste schiffstauglich sind. Dann sind die Schiffe auf den bayerischen Seen wirklich eine ganz besondere Örtlichkeit für ein Fest.

Es weht eine leichte Brise, langsam tuckert der Dampfer über den See, die Sonne geht hinter den Bergen unter und um einen herum glitzert das Wasser. Der DJ legt passende Café-del-Mar oder Buddha-Bar-Musik auf und ein wunderbares Gefühl des Gleitens und der Zeitlosigkeit stellt sich ein. Die Gäste flanieren über das Deck oder tanzen Walzer und Tango auf der Sonnenterrasse. Die Bayerische Seenschifffahrt bietet für jede Größe und jeden Stil unterschiedliche Schiffe zum Chartern an. Gegen einen Aufpreis können Sie die Fahrtroute sogar selbst bestimmen und haben die Wahl der An- und Ablegeplätze.

Wer auf dem romantischen Ammersee schippern will, wird von den zwei nostalgischen Schaufelraddampfern begeistert sein. Einer davon ist die erst 2002 erbaute RMS Herrsching, die einen Hauch von Luxus großer Seereisen versprüht. Weitläufige Decks laden zum Flanieren ein. Bis zu 400 Passagiere finden auf dem Schiff Platz, in den eleganten Salons können bis zu 150 Gäste feiern. Günstiger als die Raddampfer ist die neue moderne MS Augsburg (seit 2008 in Betrieb)

Oben: Ein moderner Schaufelraddampfer auf dem Ammersee – die RMS Herrsching

Unten: Immer wechselnde Aussichten

Unten: Ahoi – jetzt fahr'n wir übern See!

mit ihrem historischen Aussehen und dem schönen, teilweise überdachten Sonnendeck. In dem Salon finden bis zu 110 Leute Platz, ohne dass die Gesellschaft getrennt ist. In Herrsching, direkt an der Uferpromenade gibt es übrigens ein Kurparkschlösschen, eine 1889 fertig gestellte alte Villa, in der standesamtlich getraut wird.
Auch über den zweitgrößten See Bayerns – den Starnberger See – zuckelt die weiß-blaue Flotte und macht alle glücklich. Die vier Motorschiffe gleiten vorbei an noblen Villen und Sommergästen in Tretbooten – allen voran der imposante und prächtige Galerie-Katamaran MS Starnberg. Über eine Treppe gelangt man vom Hauptdeck auf die umlaufende Galerie. Innen drin in dem großzügigen, offenen und zweistöckigen Raum können bis zu 300 Personen feiern. Beliebt ist auch die kleinere und schlichte MS Bernried. Auf der im Starnberger See gelegenen Roseninsel mit ihren Garten- und Parkanlagen zwischen Possenhofen und Feldafing können Sie sich sogar im so genannten Casino standesamtlich trauen lassen. Schon der bayeri-

sche »Märchenkönig« Ludwig II. hat hier mit seiner Kaiserin Elisabeth »Sissi« das Flair genossen.

Linke Seite: Auch dieser große Katamaran mit Tanzfläche kann gechartert werden

Von seiner schönsten Seite zeigt sich Bayern natürlich auch auf dem Tegernsee. Grünblau schimmert der kleine See – umgeben von schmucken Ortschaften und bewaldeten Hügeln. Auf den zwei Schwesternschiffen MS Rottach-Egern und MS Tegernsee werden die Gäste kulinarisch verwöhnt – mit deftigen Brotzeiten oder mehrgängigen Menüs. Wer gerne direkt nach dem Standesamt ablegen will, ist in Tegernsee genau richtig. Denn das Rathaus liegt direkt neben dem Dampfersteg und hat einen hübschen kleinen Balkon, auf dem man schöne Fotos machen kann. »Es war einfach wunderschön und romantisch«, so ein Hochzeitsgast.

Brautpaare können sich sogar auf hoher See das Ja-Wort geben – allerdings nur mit einem freien Theologen. Eine standesamtliche Trauung ist nicht möglich.

Ihr Kapitän steuert Sie über den See

Das Essen und Trinken kommt auf dem Ammer- und dem Starnberger See von der Paul Müller Schiffsgastronomie, die gute bayerisch-italiensch-steirische Gerichte anbietet: Tafelspitzsalat mit Zwiebelringen, Backhendl aus der Brust oder Rainfleck – ein altsteirischer Topfenauflauf. Auf dem Tegernsee verwöhnt einen die Schiffsgastronomie Peter Blümer mit einem italienischen Buffet oder bayerischen Spezialitäten wie gebratener Kalbshaxe und Bayerisch Crême.

Ein Tipp noch: Eine deutlich günstigere Variante, als sich exklusiv ein Schiff zu chartern ist, z. B. nur das Oberdeck für sich und seine Gäste zu belegen. Eine schöne Möglichkeit am Nachmittag nach der kirchlichen Trauung, um gemeinsam auf das Wohl des Brautpaares anzustoßen oder den Gästen die Gegend von ihrer schönsten Seite zu zeigen. Denn manche Locations, wie die Alte Brauerei in Stegen, der Marstall am See, der Leeberghof oder auch das Freihaus Brenner liegen nicht weit von einer Anlegestelle entfernt.

38 Freihaus Brenner

Für Wandersleut und Cabriofahrer

Die Südterrasse kann komplett überdacht werden

Dieses urig-edle Wirtshaus liegt wunderschön über dem Tegernsee. Die sagenhafte Aussicht und die ausgezeichnete Küche werden von Promis wie Wanderern gleichermaßen geschätzt.

Hoch oben über dem Tegernsee treffen sich in aller Abgeschiedenheit Wanderer, Cabriofahrer und Prominente. Das Freihaus Brenner ist für sein sagenhaftes Panorama und seine raffinierte, gute Küche bekannt. Frauke Ludowig und die Miss Universum 2002 haben bereits hier Hochzeit gefeiert und Jürgen Klinsmann bei einer Mastente mit Knödel die Zukunft der Bayern besprochen.

Das einsam gelegene Edel-Wirtshaus auf 815 Meter Höhe erreicht man über eine schmale Bergstraße von Bad Wiessee aus. Auf der sonnenverwöhnten Terrasse sind am Wochenende schnell alle Plätze voll – jeder will den sagenhaften Blick über Wiesen, Wälder und den Tegernsee und die voralpenländische Idylle genießen. Innen drin in der Stube ist es urig und gemütlich, viel Holz, wenig Kitsch, bunt karierte Kissen und Vorhänge im Landhausstil.

Die Nebenräume wie das Salettl (altbairisch für »kleines offenes Gartenhaus«) oder der Wintergarten sind optimal, um ganz privat zu feiern. Für größere Hochzeiten und Geburtstage gibt es die Südterrasse, die bei Wind und Regen mit einem Zeltdach und Heizung ausgestattet ist. Im Winter wird die Südterrasse sogar manchmal mit alten Holzbalken verkleidet und zu einem urigen Stadl zum Feiern umgebaut. Oft finden hier mehrere Feste gleichzeitig statt, doch das stört innen kaum.

Die Inhaber Christine und Josef Brenner sind keine Unbekannten in der Region und führen ihr Haus absolut professionell. Ein Gast erzählt: »Das Team gibt sich jederzeit unglaublich viel Mühe und man fühlt sich

■ Anschrift
Freihaus Brenner
Freihaus 4
83707 Bad Wiessee
Tel.: 08022/820 04
www.freihaus-brenner.de

■ Räumlichkeiten
Salettl: bis 40 Personen
Wintergarten: bis 50 Personen
Stüberl: bis 20 Personen
Südterrasse (Zelt): bis 150 Personen
Terrasse

■ Küche
Regionale, gehobene Küche; empfohlen u. a. von Aral Schlemmeratlas, Feinschmecker, Gusto, Marcellino's, Varta

■ Preise
Südterrasse: 950 Euro Miete

■ Übernachtungsmöglichkeiten
Keine; viele Hotels in Bad Wiessee

■ Sperrstunde
3 Uhr

■ Sonstiges
Vielfältiges Rahmenprogramm kann organisiert werden.

immer als etwas Besonderes, auch wenn man sicherlich einer von vielen ist. Die Atmosphäre ist locker, aber korrekt. Alle packen mit an, der Oberkellner ist nicht nur Oberkellner, sondern ein Teil der Mannschaft. Und auch bei über 100 Personen war das Essen bei uns reichlich und warm auf dem Tisch und das Kalbsfilet rosa gebraten und nicht trocken.«

Die Preise sind dem gehobenen Ambiente entsprechend nicht gerade günstig. Für Heizung, Teppich oder Tanzboden auf der Südterrasse wird extra Miete verlangt. Dafür organisiert das Team vom Freihaus Brenner aber auch viele nette Kleinigkeiten wie eine American Bar, einen Marktstand oder eine offene Feuerstelle. Sie kennen eine Trachtengruppe, Schuhplattler, Alphornbläser oder Goaßlschnalzer. Und beim Blick auf die Menükarte läuft einem wirklich das Wasser im Mund zusammen: Kreationen wie Maronenschaumsuppe mit gebackener Feige, deftig-knusprig gebratene Mastente mit Blaukraut, Bratapfel und Kartoffelknödel, lauwarmer Apfelkuchen mit Vanilleschaum schmecken hier oben einfach himmlisch (Menü ab 43 Euro pro Person). Es gibt sogar eine hauseigene Patisserie.

Die ehemalige Almhütte liegt traumhaft über dem Tegernsee und bietet den Gästen alles, was das Herz begehrt – von der American Bar bis zum Goaßlschnalzer.

39 Moarwirt

Bayerische Tradition, modern und lässig interpretiert

Spielplatz mit Bobby-Cars und bunten Tieren

In einem kleinen Dörfchen im Tölzer Voralpenland tut sich ein kulinarisches Highlight auf. Ein Landhotel mit innovativer alpenländischer Küche, herrlicher Terrasse und gemütlichen Stüberln.

Hier fühlt man sich fast wie im weiß-blauen Himmel: Das Landhotel Moarwirt ist eine Oase des Schlemmens und der Erholung. Unscheinbar in Hechenberg im Isartal liegt das hübsche Haus. Doch wer hier fettige Haxn und deftige Würste vermutet, liegt falsch. Der Moarwirt ist ein junges, pfiffiges und stilvolles Restaurant. Dem waschechten Bayern Florian Lechner und der schweizerisch-bayerischen Senegalesin Aissatou Dramé ist es gelungen, mitten im bayerischen Nichts eine Perle regionaler Gastronomie aufzubauen, die man sich in seiner unmittelbaren Nachbarschaft wünscht.

Die Küche ist bayerisch with a twist: Hechenberger Zipfelparade mit Kraut und Püree, aromatische Nudeltascherl mit frischen Waldpilzen und Parmesan, langsam in Rotwein geschmortes Böfflamott vom Ochsen mit Sauerrahmspätzle, Bayerisch Creme vom Vanillekipferl, gebrannte Creme mit Blaubeeren. Patron Florian Lechner »gelingt durchaus der Spagat zwischen deftiger und leichter Küche«, so der Feinschmeckerführer Gault Millau, der an den Moarwirt immerhin 14 von 20 Punkten vergibt. Gekocht wird übrigens mit einheimischen Produkten. Das Fleisch bezieht Lechner unter anderem von den Herrmannsdorfer Landwerkstätten. Und das Preis-Leistungs-Verhältnis stimmt: Zwischen 13 und 20 Euro kostet hier ein Hauptgericht.

Innen hat der Moarwirt zwei urig-gemütliche Stüberl, die trotz Holztäfelung und Kamin nicht bieder erscheinen. Für größere Feste bis zu 140 Personen bietet sich der schlichte Valentinsaal an, der ein

■ Anschrift
Landhotel Moarwirt
Sonnenlängstr. 26
83623 Hechenberg
Tel.: 08027/10 08
www.moarwirt.de

■ Räumlichkeiten
Valentinsaal: bis 140 Personen
Stüberl: bis 40 Personen
Schlossstüberl: bis 25 Personen

■ Küche
Mehrfach ausgezeichnete Küche von Küchenchef Florian Lechner; empfohlen u. a. von Feinschmecker, Gault Millau, Gusto, Marcellino's, Michelin, Varta

■ Preise
Keine Saalmiete oder Mindestumsatz

■ Übernachtungsmöglichkeiten
8 DZ à 75 Euro; 3 EZ à 55 Euro

■ Sonstiges
Schöne Terrasse mit Blick auf das Tölzer Voralpenland; Spielplatz mit Bobbycars; Kutschfahrt möglich

wenig Aufwand bedarf, damit er festlich und gemütlich erscheint. Wer ausreichend Platz zum Tanzen haben möchte, sollte aber lieber mit siebzig bis achtzig Personen feiern.
Und, so ein Brautpaar, »man darf sich nicht daran stören, dass gleichzeitig auch noch andere Feierlichkeiten stattfinden«.
Von Frühling bis Herbst gibt es im Moarwirt eigentlich nichts Schöneres, als draußen auf der Terrasse zu sein, eine Leckerei nach der anderen zu schlemmen und zu warten, bis die Sonne hinter den Bergen untergeht. Der Blick ist sagenhaft: Vorne saftige grüne Wiesen, dann das Tölzer Voralpenland und am Horizont die Zugspitze. Vielleicht spielt noch jemand Jazzmusik oder eine Blaskapelle gratuliert, die Kinder toben gut versorgt auf dem Spielplatz, und unter der Pergola sammeln sich die älteren Herren und paffen eine Zigarre. Wer hier nicht mehr weg will, kann im dazugehörigen Hotel ins Bett fallen und Urlaub machen – und wird garantiert bald wiederkommen. Denn der Moarwirt ist noch ein kleiner Geheimtipp und überhaupt nicht überlaufen.

Im Stüberl werden raffinierte bayerische Köstlichkeiten serviert

40 Sprengenöder Alm

Bodenständiger Landgasthof mit Blick in die Weite

Idyllischer Landgasthof bei Wolfratshausen mit traumhafter Aussicht

In dem familiären Landgasthof bei Wolfratshausen genießt man eine grandiose Aussicht auf die Berge und das Isar-Loisach-Tal. Hier treffen sich und feiern die Einheimischen.

Irgendwo zwischen Eurasburg und Beuerberg ist Sprengenöd. Inmitten grüner Natur, hinter einer Pferdekoppel und mit einem einmaligen Blick ins Isar-Loisach-Tal liegt der gemütliche Landgasthof Sprengenöder Alm, ein beliebtes Ausflugslokal für Wanderer, Radler und Erholungssuchende. 1941 erbaute Sophie Bartl hier ein Holzhaus und tischte darin eine anständige Brotzeit auf. 1977 wurde die Alm abgerissen und machte Platz für das heutige Gasthaus mit Zimmern.

Nachdem die Pächter des Hauses in den letzten Jahren oft gewechselt hatten, ist seit 2007 Werner Reischer der neue Küchenchef auf der Sprengenöder Alm. Seine Spezialität sind bayerische Schmankerl wie die original Luggeder Ente, Fisch und Wild aus den heimischen Seen und Wäldern, aber auch Scampigröstl oder Krebsschaumsüppchen mit schwarzem Trüffel – und das alles zu moderaten Preisen.

Serviert wird im Biergarten mit Blick auf den Wendelstein, die Benediktenwand und den Blomberg, in der urigen Zirbelstube des Restaurants, im rustikalen Nebenstüberl oder draußen im überdachten halboffenen Salettl.

Die Familie Stoiber, die praktisch in der Nachbarschaft wohnt, feierte hier Hochzeit und den Abschied aus der Staatskanzlei, der Bürgermeister des Ortes trifft sich mit Kollegen auf ein Bier, während die Eigentümer, Familie Geisberger, am Kamin sitzen.

Große Hochzeiten oder Firmenfeiern bis 160 Personen werden gerne in der Holzscheune, dem Salettl, gefeiert. Um hier

■ Anschrift
Sprengenöder Alm
Sprengenöd 4
82547 Eurasburg
Tel. 08179/931 00
www.sprengenoeder-alm.de

■ Räumlichkeiten
Hauptlokal: bis 100 Personen
Nebenraum: 45 Personen
Salettl: 160 Personen
Terrasse: 100 Personen
Biergarten: 80 Personen

■ Küche
Bayerische Schmankerlküche

■ Preise
Keine Saalmiete und kein Mindestumsatz bei Verzehr

■ Übernachtungsmöglichkeiten
8 Doppelzimmer à 80 Euro; 1 Einzelzimmer à 50 Euro

■ Sperrstunde
Keine

■ Sonstiges
Betriebsferien von Mitte Januar bis Mitte Februar; Kinderspielplatz

In der offenen Holzscheune können bis zu 160 Personen feiern

an einer langen, festlichen Tafel oder schlicht auf Bierbänken sitzen zu können, muss allerdings das Wetter passen, da eine Seite der Scheune offen ist. Bei strömendem Regen besteht aber die Möglichkeit, nach innen auszuweichen.

In der urigen Zirbelstube sind die Tische fest angeordnet, und an den zwei Fensterseiten des Raumes gibt es gemütliche Nischen mit Eckbänken. Im Nebenraum kann getanzt und gefeiert werden.

Die Sprengenöder Alm ist kein Schickimicki-Restaurant, sondern ein bodenständiger Landgasthof ohne Allüren: Hier gibt es weder Mindestumsatz oder Saalmiete noch Sperrstunde. Dafür aber einen Kinderspielplatz und ausreichend Platz zum Toben. Mit dem Ausblick auf die Berge lässt es sich in den schlichten Bauernstuben besonders gut nächtigen. Und das ist gerade nach einer feucht-fröhlichen Feier viel wert.

41 Schlossgut Oberambach

Natur, Ruhe und Charme oberhalb des Starnberger Sees

Wer hier feiert, erlebt Entspannung pur: Im herrlichen Schlosspark wird gerne das Ja-Wort gegeben und auf der Terrasse bis in die späten Stunden gefeiert.

Einfach ein zauberhafter Ort für eine Trauung oder Taufe unter freiem Himmel: der Schlosspark des Schlossguts Oberambach auf einem Hügel an der Ostseite des Starnberger Sees. Alte Bäume, ein Springbrunnen und ein herrlicher Blick über den Starnberger See laden ein zum Feiern, Flanieren und Entspannen. Bei schlechtem Wetter gibt es die Alternative, in den rustikalen Remisenhof auszuweichen. Empfang mit Prosecco und Fingerfood wird gerne auch im Park oder auf der Terrasse serviert. Und am Abend wandert die Festgesellschaft dann in den Bankettsaal, der Platz für bis zu hundert Personen bietet und sich auch zum Tanzen eignet.

Wer hier Hochzeit oder ein großes Familienfest feiert, hat die großzügige Terrasse mit Pergola exklusiv zur Verfügung. Zwischen den Gängen können sich die Gäste draußen an den Stehtischen aufhalten, und auch das Dessertbuffet wird auf Wunsch auf der Terrasse aufgebaut. Fackeln und Kerzen zaubern eine romantische Stimmung. Manche Festgesellschaften organisieren dann als Überraschung noch ein Feuerwerk zu später Stunde. »Alles in allem hat man das Gefühl, sich dort in sehr guten Händen zu befinden und sehr nett und persönlich betreut zu werden«, erzählt eine Braut.

■ Anschrift
Biohotel Schlossgut Oberambach
Oberambach 1
82541 Münsing
Tel.: 08177/93 23
www.schlossgut.de

■ Räumlichkeiten
Bankettsaal Starnberg: bis 100 Personen
Restaurant Roseninsel: bis 20 Personen
Café Rosengarten: bis 40 Personen
Remisenhof: 50–100 Personen
Schlosspark: bis 300 Personen

■ Küche
Gehobene Bioküche; empfohlen u. a. von Feinschmecker

■ Preise
Saal mit Restaurant und Terrasse: 500 Euro brutto
Café: 250 Euro brutto
Remisenhof: 500 Euro brutto
Park: je nach Aufwand
Im Preis sind u.a. enthalten: Starkstrom, Beleuchtung, Beamer mit Leinwand, 5-armige Kerzenleuchter, Windlichter, Sonnenschirme, Fackeln, Lagerfeuer in der Remise, Heizpilze; Buchung von 12 bis 25 Zimmern bei Feierlichkeiten am Abend mit Musik und Tanz verpflichtend

■ Übernachtungsmöglichkeiten
38 Zimmer; EZ ab 125 Euro; DZ ab 165 Euro

■ Sperrstunde
3 Uhr; Nachtzuschlag ab 1 Uhr

■ Sonstiges
Trauungen im Park oder der Remise möglich; Nichtraucherhotel

Aber das Biohotel hat mit dem hübschen Schlosscafé, der Terrasse oder dem Restaurant auch für kleine Familienfeiern oder Firmenmeetings den passenden Rahmen. Die Räume sind edel, mit Stuck verziert und haben einen herrlichen Blick auf den See und die Alpen. Alles, was auf den Teller kommt, ist hundertprozentig bio und klingt nicht nur vielversprechend, sondern wird auch dem Feinschmecker munden: Bärlauch-Panna-cotta mit warmem Tomatensugo und Crostinis, zarte Medaillons vom Lamm auf Thymianjus an Gemüsepappardelle mit Bärlauch-Graupenrisotto, Limetten-Bärlauch-Sorbet in Kokos gebacken auf Rharbarberkompott (4-Gänge-Menü ab 53 Euro pro Person).

Die Philosophie des Hauses, »im Einklang mit der Natur« zu leben, wird konsequent umgesetzt. Sogar der Strom kommt aus Rapsöl, das ganze Hotel wird mit Holzabfällen aus Sägewerken beheizt und selbst der Begrüßungsmarienkäfer auf dem Zimmer ist aus Bioschokolade. Kein Wunder, der Urgroßvater des jetzigen Besitzers, Andreas Schwabe, gründete die erste Homöopathiefirma der Welt.

Das Schlossgut Oberambach ist eine Location, die Eleganz, herzliche Atmosphäre und eine große Liebe zur Natur verbindet – ein Hotel zwischen Himmel und Erde, wie sie sich selber nennen. In seiner Geschichte war das Hofgut auch ein Treffpunkt für Künstler, Literaten und Freidenker. »Man spürt hier noch so etwas wie einen künstlerischen Geist«, erzählt ein Gast.

Oben: Der Schlosspark ist eine zauberhafte Kulisse für Trauungen

Unten: Bis 100 Personen passen in den Bankettsaal

Linke Seite: Traumhaftes Biohotel im Grünen. Es liegt idyllisch und abgeschieden auf einem Hügel an der Ostseite des Starnberger Sees.

42 Marstall am See

Früher klapperten hier die Hufe edler Pferde

Viel Flair – drum herum und innen drin

Die ehemaligen Stallungen von König Ludwig II. haben viel Flair: Der Saal im Erdgeschoss ist groß, hell, mit altem Gewölbe, Steinboden und schönen Säulen.

Das wunderschöne, alte, ockergelbe Giebelgebäude befindet sich auf der östlichen Seite des Starnberger Sees. Direkt am Ufer liegt es nicht – wie der Name vielleicht vermuten lässt – aber in drei Minuten ist man zu Fuß am Steg. So manche nutzen diese Möglichkeit, um am Nachmittag mit ihren Gästen eine Runde über den See zu schippern. Der Marstall wurde von König Ludwig II. erbaut und als Stallung für seine Pferde genutzt. Im Erdgeschoss zwischen den 16 gusseisernen Säulen standen die Pferde, im ersten Obergeschoß wohnte das Personal, und im Dachgeschoß lagerten Heu und Getreide.

Heute erinnert nichts mehr daran, vielmehr wird der Raum für rauschende Feste, Ausstellungen, Tagungen und als Kulisse für Filmaufnahmen genutzt. Die Pächter, Familie Höhne, wohnen auch im Marstall – deswegen darf die Musik nach Mitternacht auch nicht zu laut sein.

Der Saal im Erdgeschoss unter dem Gewölbe ist symmetrisch aufgebaut, lichtdurchflutet, freundlich und kann auch im Winter gut beheizt werden. Stilvolle Lampen, dunkle Holztüren und heller Steinboden verbinden den Charme des 19. Jahrhunderts mit der kühlen Eleganz der Moderne.

Bis zu 300 Personen passen in den 340 Quadratmeter großen, hohen Raum. Durch mobile Raumteiler ist der Saal aber auch wunderbar für kleinere Veranstaltungen ab etwa 40 Personen geeignet. Viel Stimmung bringen Strahler in Orange, Grün oder Blau, die das Gewölbe von unten beleuchten.

■ Anschrift
Marstall am See
Mühlgasse 7
82335 Berg
Tel.: 08151/95 37 07
www.marstall-am-see.de

■ Räumlichkeiten
Gewölbesaal bis 180 Personen
Eigener Garten

■ Küche
Caterer nach Wahl
Starkstrom und Wasser vorhanden

■ Preise
Je nach Art und Dauer Saalmiete zwischen 600 und 2700 Euro brutto

■ Übernachtungsmöglichkeiten
Keine; großes Hotel ganz in der Nähe

■ Sperrstunde
Ab 3 Uhr keine Musik mehr

■ Sonstiges
Fußbodenheizung; kleine Bühne vorhanden; Dampferanlegestelle Berg am Starnberger See ca. 200 Meter entfernt.

Der Gewölbesaal bietet viele Gestaltungsmöglichkeiten

Vor dem Eingang zum Marstall gibt es einen großen mediterran angelegten Garten. An einem milden Sommerabend kann man die Türen einfach offen stehen lassen. Am Abend sorgen Fackeln und Windlichter draußen für eine heimelige Stimmung.
Der Marstall am See bietet für alle, die ihr Fest gern selbst organisieren, einen großen Vorteil: Er ist gastronomiefrei, und man ist weder bei Getränken oder Dekoration noch bei der Bewirtung auf bestimmte Anbieter festgelegt. Der eine möchte einen Haubenkoch, der andere ist mit einem günstigen Partyservice zufrieden. Der Raum ist schlicht und bietet viele Möglichkeiten, ihn ganz nach Wunsch zu gestalten: Manche lassen sich eine Bar aufbauen, andere eine Lounge-Ecke, runde Tische und Hussen schaffen eine stilvolle Atmosphäre. Gleich um die Ecke liegt das Hotel Schloss Berg, in dem viele Gäste übernachten können.

43 Schlossgatstätte Leutstetten

Beliebtes Ausflugsziel mit originellem Theaterstadl

Gleich kommen die Festgäste

Viele Radler und Wanderer kehren gern in die Schlossgaststätte Leutstetten ein. Neben dem Restaurant gibt es einen üppig dekorierten Theaterstadl für Weihnachtsfeiern und Hochzeiten.

Im Biergarten der Schlossgaststätte Leutstetten treffen sich Radler, Nordic Walker und die Starnberger Schickeria. Denn das Paradies ist hier nicht fern. Die schattigen, riesigen Bäume setzen dem Garten eine Krone auf, und ein frisch gezapftes Kaltenberger Bier schmeckt hier draußen besonders gut. Die Schlossgaststätte Leutstetten liegt im Schatten des Wittelsbacher Schlosses und ist das ehemalige Bedienstetendomizil. Das Restaurant ist rustikal, gediegen und gemütlich.

Originell ist das Theater am Hof gleich nebenan. Den zweistöckigen Saal zieren Mitbringsel aus aller Welt: Indianermasken, Büffelschädel, Kutschen und vieles mehr, was Wirt Hans Sattlegger die letzten dreißig Jahre über so gesammelt hat. Ursprünglich wurde hier Heu gelagert, Prinz Ludwig kam bei schlechtem Wetter zum Reiten hierher. Einige Jahre lang trat ein echtes Theater mit eigenem Ensemble auf. Doch nachdem sich der Aufwand nicht mehr gelohnt hatte und die Nachfrage nach Feiermöglichkeiten im Theater groß war, ist der Raum nun zu einer beliebten Location für Feste geworden. Der FC Bayern hat hier schon 13 Mal seine Weihnachtsfeier veranstaltet, Waldemar Hartmann mit viel Prominenz seinen 60. Geburtstag gefeiert und Andreas Brehme hier geheiratet.

Auf den großen runden Tischen stehen hohe Kerzenständer und rote Rosen. Küchenchef Alexander Sattlegger kocht am

■ Anschrift
Schlossgaststätte Leutstetten
Altostr. 11
82319 Leutstetten
Tel.: 08151/81 56
www.schlossgaststaette-leutstetten.de

■ Räumlichkeiten
Stüberl: bis 35 Personen
Restaurant: bis Personen
Theater am Hof: 60 bis 180 Personen
Schlossgartl (mit Markisenüberdachung): bis 120 Personen

■ Küche
Gutbürgerliche bayerisch-österreichische Küche

■ Preise
Keine Saalmiete oder Mindestumsatz

■ Übernachtungsmöglichkeiten
Keine; Hotels in Starnberg oder Gauting

■ Sperrstunde
3 Uhr

■ Sonstiges
Spielplatz im Biergarten; kleine, schöne, romanische Dorfkirche St. Alto in der Nähe

liebsten mit saisonalen Zutaten: Spargel im Frühjahr, Schwammerl im Sommer, Wild und Geflügel im Herbst und Winter. Die fangfrischen Bachsaiblinge oder Forellen kommen vom hauseigenen Bassin. Aber auch Vegetarier müssen nicht auf trostlose Teller stieren – es gibt beispielsweise Spinatkäseknödel auf Rahmsteinpilzen mit brauner Butter und Parmesan.

Die Gäste werden am Nachmittag im Freien begrüßt – die Musi spielt auf, es gibt einen Aperitif und leckeren Flammkuchen. Auf der großen Terrasse im Schlossgarten ist für Kaffee und Kuchen gedeckt. Am Abend darf dann im Theater fröhlich gefeiert werden. Meistens wird unten gespeist, später gehen die Gäste hoch auf die Empore, trinken ihr Bier an der Bar und der DJ legt auf. Manche nutzen auch die Bühne im Saal für Vorführungen oder Tanz.

Bei Weihnachtsfeiern stehen im Theaterhof beleuchtete Weihnachtsbäume wie im Märchenwald, es gibt Schmankerl vom Holzofengrill mit offenem Feuer, einen Maroniofen, Glühwein und Jagertee aus dem Kupferkessel.

Oben: Und dann gibt es Kaffee und Kuchen im Schlossgart'l

Unten: Üppig dekoriert – der Theaterstadl

44 La Villa

Eine Villa am See für höchste Ansprüche

La Villa ist ein exklusives kleines Schlösschen, malerisch am Starnberger See gelegen, das ausschließlich für Feste und Tagungen zur Verfügung steht.

Am Westufer des Starnberger Sees in Niederpöcking liegt diese exklusive historische Villa. Auf den ersten Blick sieht sie aus wie ein privates Refugium – und das war sie viele Jahre auch: Das Schlösschen wurde 1855 vom Münchner Kaufmann Angelo Knorr erbaut und mit der Hochzeit des Bauherrn eingeweiht. Die Architektur der Villa ist eine Rarität aus toskanischem Landhaus und dem 1850 in München entwickelten Maximilianstil – in Backsteinfarbe, mit Turm, toskanischen Säulen und Fliesenmosaiken.

Lange Zeit wurde die Villa als Sommerresidenz genutzt, dann als Mädchenpensionat für höhere Töchter, als Frauen- und Geburtsklinik und als Gourmetrestaurant. 1987 fand sich dann ein Käufer, der das stark verfallene Anwesen mit viel Aufwand in eines der besten und außergewöhnlichsten Tagungshotels Deutschlands verwandelte.

Die Lage der Villa ist schlichtweg einmalig: Das großzügige Grundstück liegt direkt am Starnberger See, hat einen eigenen Badesteg und ein Bootshäusl. Sekt und Fingerfood gibt es auf der weitläufigen Terrasse, die über mehrere Etagen in den Garten reicht. Anschließend wird dann im Glasanbau, der »Orangerie«, weitergefeiert. Die Schiebetüren gleiten je nach Petrus' Laune komplett zur Seite, sodass der Einruck entsteht, im Freien zu sitzen.

Im Restaurant nebenan wird zu späterer Stunde dann das Tanzbein geschwungen, wer will bis in die Morgenstunden, denn eine Sperrstunde gibt es in La Villa nicht. Ob Feierlichkeit, Arbeit oder ein Dinner for two, La Villa ist mit Sicherheit eine der feinsten Adressen am See.

■ Anschrift
La Villa
Ferdinand-von-Miller-Str. 39–41
82343 Niederpöcking
Tel.: 08151/770 60
www.lavilla.de

■ Räumlichkeiten
Maximilian: 10 Personen
Zenetti: 30 Personen
König Ludwig: 60 Personen
Restaurant: 56 Personen
Bootshaus: 110 Personen
Orangerie: 180 Personen

■ Küche
Mediterrane Bio-Gourmetküche, kein À-la-carte-Restaurant

■ Preise
Bei mehr als 110 Personen keine Saalmiete, bei weniger 80 Euro pro Person
12 Doppelzimmer müssen angemietet werden
Exklusive Anmietung des gesamten Geländes: 8200 Euro
Nachtarbeitszuschlag ab 1 Uhr

■ Übernachtungsmöglichkeiten
36 Betten; EZ 149 Euro, DZ 209 Euro

■ Sonstiges
Eigener Strand und Steg; Live-Musik nur bedingt möglich; Auto (Mini) für die Gäste; Trauung im Freien möglich; kein Feuerwerk

Nur 24 kleine Doppel- und Einzelzimmer besitzt das Hotel, individuell möbliert, jedes in einer anderen Farbe – von kräftigem Rot bis Limettengrün, von kühlem Blau bis beruhigendem Anthrazit. Die Einrichtung entspricht dem Stil des Hauses und verbindet in einem geschmackvollen Mix Antiquitäten mit ausgesuchten modernen Stücken. »In diesem privaten Umfeld aufzuwachen, mit Familie und Freunden dann noch einen gemeinsamen Brunch zu genießen, das ist, als ob man das Schlösschen für sich hätte«, erinnert sich ein Brautpaar.

Stilvoll feiern im mediterranen Stil

Die Gourmetküche des Hauses passt zum Ambiente: leicht, mediterran, frisch und bezaubernd. Küchenchef Wolfgang Schmidt kocht ausnahmslos mit biologischen Zutaten. Vitalküche nennt er seine Kreationen. Beim Wein setzt man auf eine umfangreiche Auswahl mit starkem Akzent auf Italien.

Kleinigkeiten sind's, die diesen Ort romantisch und wunderbar machen: Abends ist das Bett der Brautleute mit Rosen dekoriert und auf dem Nachttisch steht schon ein Hochzeitsfoto im Silberrahmen.

Linke Seite: Traumhafte Lage am Starnberger See

45 event-Rotunde Tutzing

Neue, moderne Business-Location mit viel Glas

Die event-Rotunde in Tutzing bietet Industriefeeling, gepaart mit einer jungen, wilden Küche – die extravagante, neue Business-Location für Partys, Kochevents oder Seminare.

Noch ist die kreisförmige Event-Location am Starnberger See ein Geheimtipp. Denn bis 2002 waren in dem Glasrondell das Kommunikationszentrum und die Mitarbeiterkantine der Firma Roche untergebracht. Roche zog kurz nach der Fertigstellung aber nach Penzberg, seitdem stand das Gebäude leer. Der Investor TGZ hat das gesamte Firmengelände gekauft und aus dem runden Glasbau einen Raum zum Tagen und Feiern gemacht. Die Wände wurden rot und grau gestrichen, Tische und Stühle erneuert, Parkettboden verlegt, Pflanzen und Bäume aufgestellt. An den Seiten und auf der Empore laden moderne Korbmöbel ein zum Chillen.

Die eine Hälfte der Rotunde ist komplett verglast, umrundet von einer Terrasse und kleiner Wiese. Von hier aus hat man einen weiten Blick über das Krankenhaus von Tutzing hinweg auf den See und die Berge. Sein Flair hat der Bau sicherlich auch durch die zehn Meter Deckenhöhe, die lichte Stahlkonstruktion und die zweistöckige Aufteilung.

Heute Abend findet hier zum Beispiel ein Kochevent für die Mitarbeiter einer bekannten Modefirma statt. Am Eingang stehen kleine Buchsbäume, im vorderen Halbkreis ist eine Bar mit Stehtischen aufgebaut, in der Mitte laden runde festlich gedeckte Tische später zum Essen ein. Die Terrasse wird abends von Fackeln beleuchtet.

Wer hier einen Event feiern will, kann einen Caterer seiner Wahl mitbringen. Oder den namhaften »jungen Wilden«

■ **Anschrift**
TGZ GmbH
Bahnhofstr. 9–15
82327 Tutzing
Tel.: 08158/90 79 32
www.tgz-tutzing.de

■ **Räumlichkeiten**
Rotunde: bis 120 Personen
Offene Empore: bis 60 Personen
Seminarbereich: 7 Seminarräume für 20 bis 150 Personen
Terrasse

■ **Küche**
Freie Wahl des Caterers

■ **Preise**
250 Euro bis 1250 Euro am Tag netto

■ **Übernachtungsmöglichkeiten**
Keine; mehrere Hotels und Pension zu Fuß erreichbar

■ **Sperrstunde**
Keine; nur nachbarliche Rücksichtnahme, wenn's sehr spät wird

■ **Sonstiges**
Moderne Tagungstechnik wie Mischpult, Rednerpult, Flipcharts, Moderatorenkoffer, Leinwand, WLAN etc. vorhanden; Mitte 2010 soll ein Hotel gleich nebenan fertiggestellt werden.

Sterne- und Fernsehkoch Stefan Marquard buchen. Der hat hier nämlich sein Headquarter und veranstaltet mit seiner Crew gerne Kochkurse. Gemeinsam mit Geschäftspartnern oder Kollegen fachsimpelt man dann über die aktuellen Börsenkurse, aber vor allem über die richtige Art des Eierschlagens.

Arbeit und Vergnügen – für beides ist die event-Rotunde wie geschaffen. Denn es gibt außerdem noch sieben Seminarräume, die alle mit modernem Tagungsequipment ausgestattet sind (Projektoren, Mikrofonanlage, Leinwand usw.).

Noch leidet die event-Rotunde unter ihrer Umgebung. Wer hier feiert, stört zwar niemanden, muss aber ein paar Augen zudrücken. Drumherum sind alte Industriebauten, Gerüste, Container, heruntergekommene Hallen. Die TGZ hat vor, das gesamte Gelände zu erneuern und aufzupolieren. Konkret bedeutet das zum Beispiel: Neben der Rotunde soll bis 2010 ein Hotel entstehen.

Doch schon heute ist der Glasbau eine Business-Location mit Flair – und wer weiß, vielleicht findet ja auch so manches Brautpaar Gefallen an dem modernen Look.

Oben: Hell, modern und halbrund – die event-Rotunde

Unten: Hier ist eine flexible Nutzung der Räume möglich

Linke Seite: Fein gedeckte Tische und offene Küche

46 Schloss Höhenried

Mit der Kutsche zum roten Teppich

Ooh, aah – das Brautpaar ist da.

Das Schloss Höhenried zwischen Tutzing und Bernried liegt abgeschieden in einer weitläufigen Parklandschaft und versprüht noch den Charme vergangener Tage.

Ungewöhnlich ist Schloss Höhenried irgendwie schon, denn wer zum Schloss möchte, muss den Schildern »Klinik Höhenried« folgen und an einer Schranke und Klinikgebäuden vorbeigehen. Das Schloss liegt nämlich auf dem weitläufigen Gelände der Klinik Höhenried für Kardiologie, Orthopädie und Psychosomatik. Aber keine Sorge: Der Park ist 88 Hektar groß und das Schloss thront idyllisch auf einer Anhöhe – nur am anderen Ende der Allee ist die Klinik zu vermuten.

Ungewöhnlich ist auch, dass das Schloss nicht vom Adel erbaut und genutzt wurde, sondern von Wilhelmina Busch, die aus einer amerikanischen Brauereifamilie stammt. Die »letzte bayerische Königin«, wie sie gern scherzhaft genannt wurde, hat im Schloss rauschende und pompöse Feste gefeiert. 1948 gab sie eine Party für 2500 Gäste, denen sie alle erdenklichen Leckereien servieren ließ. Und auch heute noch ist Schloss Höhenried ein stilvoller und traumhafter Ort für Feiern aller Art.

Weite Wiesen und angrenzende Waldstücke erstrecken sich bis hinab zum Ufer des Starnberger Sees. Keine Autos weit und breit, lediglich einige Spaziergänger werden neugierig schauen, wenn das Brautpaar in der Kutsche vorfährt.

Von der Terrasse des Schlosses hat man einen weiten Blick bis in die Berge und einen fast unendlich erscheinenden Park vor Augen. Die Gäste können flanieren, im kreuzgangähnlichen Innenhof mit Rosen und Buchsbäumen verweilen oder fröhlich an der langen Kaffeetafel auf der großen Wiese

■ Anschrift
Schloss der Klinik Höhenried
82347 Bernried
Tel.: 08158/24 22 25
www.schloss-hoehenried.de

■ Räumlichkeiten
Kaminzimmer: 120 Personen
Spiegelzimmer: 60 Personen
Grüner Salon: 40 Personen
Kleinere Räume bis zu 20 Personen
Großer Park und Rosengarten

■ Küche
Fester Vertragscaterer

■ Preise
Saalmiete von 500 bis 1200 Euro netto

■ Übernachtungsmöglichkeiten
5 DZ à 70 Euro, 13 EZ à 40 Euro, kleines Appartement à 80 Euro, großes Appartement à 110 Euro, jeweils plus MwSt.

■ Sperrstunde
Keine

sitzen. Hier kommt echte Schlossparkromantik auf. Und abends wird dann stilvoll im Schloss weitergefeiert. In den größten Saal, das Kaminzimmer, passen bis zu 120 Personen.
So modern die Webseite von Schloss Höhenried ist, in den Innenräumen des Schlosses dominiert der Charme vergangener Tage. Steinfußböden oder Parkett, dunkles Holz, Kronleuchter, geschmiedete Türen, wallende Vorhänge. Die Suiten sind zum größten Teil noch original möbliert.
Leider haben die Verwalter mit einigen Caterern schlechte Erfahrungen gemacht, sodass sie sich jetzt auf einen Partyservice festgelegt haben, der die Räumlichkeiten kennt und vor Ort kocht.
Wer früh genug bucht, kann sich einen Tag lang wie Prinz und Prinzessin fühlen: Die Kutsche hält vor dem prächtigen Eingang, Braut und Bräutigam steigen aus, winken, es werden Fotos gemacht, dann schreitet allen voran das Brautpaar über den roten Teppich ins Schloss und bekommt ein Glas Champagner gereicht.

Oben: Das Kaminzimmer im alten Charme

Unten: Drumherum eine traumhafte Parkanlage

Westen

47 Kloster Andechs

Benediktinische Gastfreundschaft auf dem »Heiligen Berg« genießen

Im Kloster Andechs genießt man Gastfreundschaft an Leib und Seele. Ein alter Heustadl – zum Kulturzentrum umgebaut – bietet eine wetterunabhängige Location für große Hochzeiten und Event

Unter Biertrinkern gehört die Klosterbrauerei Andechs wohl zu den bekanntesten Braustätten. Über eine Million Menschen besuchten den »Heiligen Berg«, auf dem seit 1455 Benediktiner leben und arbeiten, jedes Jahr. Doch wer jetzt denkt, unter Hunderten von Touristen sein Fest feiern zu müssen, kann beruhigt sein. Man fühlt sich dort wirklich ganz oberbayerisch zu Hause und von den zahlreichen Gästen (übrigens hauptsächlich im Sommer) merkt man nicht allzu viel.

Das Kloster ist ein idyllischer, malerischer und sehr gepflegter Bau mit unglaublich viel Charme. Von Weitem ragt der Zwiebelturm der Wallfahrtskirche in den Himmel. Oben auf dem Berg befinden sich neben der Wallfahrtskirche das Kloster mit dem repräsentativen barocken Fürstentrakt, weiter unten das Bräustüberl und der Klostergasthof und am Fuße des Berges liegt die Klosterbrauerei. Der Klostergasthof mit Festsaal und Terrasse wird gerne für Hochzeiten (bis 220 Personen) und andere Feiern genutzt. Einfacher und rustikaler geht's im Bräustüberl mit seiner riesigen Bierterrasse zu.

Am Fuß des Berges liegt der Florian-Stadl – ehemals von der klostereigenen Landwirtschaft als Heustadl und Schweinestall benutzt – und der sich

■ Anschrift
Kloster Andechs
Bergstr. 2
82346 Andechs
Tel.: 081 52/376
Tagungen und Veranstaltungen Tel.: 081 52/37 62 79
www.andechs.de

■ Räumlichkeiten
Fürstentrakt mit 6 repräsentativen Räumen (Tagungen und Seminare)
Florian-Stadl: bis 350 Personen
Alter Pferdestall: bis 80 Personen
Klostergasthof mit zahlreichen Räumen (www.klostergasthof.de)

■ Küche
Fürstentrakt und Florian-Stadl: Catering durch Klostergasthof und Bräustüberl; Ausnahmen nach Absprache

■ Preise
Florian-Stadl: ab 2100 Euro netto,
Alter Pferdestall: 700 Euro netto; zzgl. Nebenkosten wie Reinigung, Strom, Personal

■ Übernachtungsmöglichkeiten
18 einfache Einzelzimmer mit Etagendusche im Gästetrakt des Klosters Andechs ab 21 Euro

■ Sperrstunde
Keine

■ Sonstiges
Großes Führungsangebot: Wallfahrtskirche (auch mit Orgelkonzert), Historischer Rundgang am Heiligen Berg, Brauerei, Bierprobe im Klostergasthof, Brennerei (mit Verkostung), Kräutergarten (Fachführungen), Turmbegehung, Spielplatz

anschließende Alte Pferdestall. In mehreren Bauabschnitten wurde aus dem Stadl ein wunderschönes Kulturzentrum mit rustikal-edlem Ambiente. Alljährlich finden hier im Sommer die Carl-Orff-Festspiele statt. Mit etwas Kreativität verwandelt sich dieser circa 600 Quadratmeter große Raum (Parkett, Bühne und Galerie) in einen traumhaften und festlichen Stadl für große Feiern, Hochzeiten oder Firmenevents. Die Dekoration sowie die Bestuhlung können vor Ort gemietet oder selbst arrangiert werden. Für eine Bar mit Stehtischen ist genügend Platz, die Bühne eignet sich hervorragend für eine Live-Band oder musikalische Darbietungen.

Wer hier feiert, spürt die benediktinische Gastfreundschaft, ganz nach dem Motto »Genuss für Leib und Seele«. Natürlich gibt es das süffige Bier aus der klostereigenen Brauerei. Aber auch für das seelische Wohl wird gesorgt, denn Kloster Andechs ist ein Ort der Begegnung und der Orientierung. Wer Interesse hat, kann eine Führung durch die Wallfahrtskirche (eventuell mit Orgelkonzert), die Brauerei, die Brennerei oder den Kräutergarten buchen. »Es ist einfach etwas Besonderes, an einem Ort Hochzeit zu feiern, der so viel Tradition und Ausstrahlung hat. Noch heute nach acht Jahren schwärmen unsere Gäste von dem Ort«, berichtet ein Brautpaar.

Der Florian-Stadl versprüht eine tolle Atmosphäre

Linke Seite: Schon von weitem ist das Kloster Andechs auf dem »Heiligen Berg« sichtbar.

Vorangehende Doppelseite: Empfang im Innenhof von Kloster Fürstenfeldbruck

48 Alte Brauerei Stegen

Farbenintensiv, kühl und romantisch

Hinterm Haus liegt eine schöne Terrasse

Die Alte Brauerei am Ammersee hat ein ganz eigenes Flair: kahle Steinwände, rotes Licht, Säulen, in alter Sudkessel mit Bar und stimmungsvolle Räume für Hochzeiten und Partys.

Das Ambiente in der Alten Brauerei Stegen ist ganz besonders: kühles, rotes Licht, kahle Steinwände, kein top-renovierter Zustand – der ursprüngliche Flair einer alten Brauerei ist erhalten geblieben; Stegen hat sogar ein bisschen den Charme einer alten Burg.

Wer hier Hochzeit feiern will und konservative Eltern hat, braucht wahrscheinlich einige Überredungskünste, um diese von der Location zu überzeugen. Jeder kann sein Fest hier ganz nach Belieben und Kontostand gestalten, aufwendig mit langen Tüchern, roten Hussen und Ledersofas oder schlicht mit Wiesenblumen und Windlichtern. »Die Kombination von Brauerei-Ambiente und eleganten Gästen war einmalig und hat allen unseren Freunden extrem gut gefallen«, erzählt eine Braut.

Die Alte Brauerei liegt an einem Hang in unmittelbarer Nähe zum Ammersee (Schiffsanlegestelle ca. 200 bis 300 Meter entfernt) und zur A96. Das rund 100 Jahre alte Gebäude war früher wirklich eine Brauerei, wurde dann aber nur noch als Bierdepot genutzt und verrottete. Bis 1993 Paul Schneider, ein Anwalt und Künstler, die Ruine auf einer Spritztour entdeckte und mit viel Liebe für seine Geschichte wieder herrichtete.

Heute gibt es hier Büros für Designer und Architekten, ein Hightech-Unternehmen, Wohnungen für Yuppies, eine Malschule, eine Galerie und zwei Kinos. An Wochenenden finden Hochzeiten und Ü-30-Partys statt.

■ Anschrift
Alte Brauerei Stegen
Landsberger Str. 57
82266 Stegen
Tel.: 081 43/99 99 77
www.alte-brauerei-stegen.de

■ Räumlichkeiten
Acht-Säulen-Saal: bis 180 Personen
Vier-Säulen-Saal: bis 80 Personen
Theater: bis 100 Personen
Sudhaus: bis 44 Personen
Café: bis 40 Personen
Lounge: bis 40 Personen
Panorama-Saal: bis 100 Personen
Biergarten und Terrasse

■ Küche
Internationale Küche mit À-la-carte-Bistro

■ Preise
8-Säulen-Saal: 500 Euro netto
4-Säulen-Saal: 150 Euro netto
Theater: 300 Euro netto
Sudhaus: 150 Euro netto
Lounge: 300 Euro netto
Panorama-Saal: 300 Euro netto

■ Übernachtungsmöglichkeiten
Keine; einige Hotels in Eching und am Wörthsee

■ Sperrstunde
3 Uhr; Sperrzeit kann verkürzt werden

■ Sonstiges
Beamer, Musikanlage, bewegliche Bars vorhanden

Die Farbe rot dominiert nicht nur im Acht-Säulen-Saal

Der größte Saal ist der stimmungsvolle Acht-Säulen-Saal. Hier kann mit 200 oder gar 300 Gästen gefeiert werden. Die kleineren Zwei- und Vier-Säulen-Säle können gut miteinander kombiniert werden. Im Sommer wird draußen gerne mit Live-Musik gefeiert.

Das Herzstück der Alten Brauerei sind aber das Theater und das Sudhaus. Der rot beleuchtete Theatersaal hat eine große Bühne, die für den Brauttisch, die Band oder als Tanzfläche genutzt werden kann. Flügeltüren führen direkt nach draußen. Durch eine andere Tür gelangt man in das alte Sudhaus mit großem Sudkessel, das gerne als Bar verwendet wird. Über der Bar ist eine kleine Empore mit Sitzgelegenheiten. Schon so mancher Spielfilm wurde in diesen stimmungsvollen Räumen gedreht.

Für das leibliche Wohl sorgt eine feste Cateringfirma, die Menüs und Buffets für rund 32 Euro pro Person anbietet: gefüllter Kaninchenrücken, Risotto mit Scampi, Orangenparfait an Mokkasahnesoße.

Wer hier feiert, darf übrigens, wie es sich für eine Brauerei gehört, ausgiebig und fröhlich feiern – die Sperrstunde ist nämlich verhandelbar.

49 Fürstenfelder

Gourmetküche in Klostermauern

Große Klosteranlage mit vielen Möglichkeiten zu feiern

Im ehemaligen Klosterensemble lässt es sich stilvoll feiern. Was auf den Teller kommt, ist köstlich, kreativ und ökologisch. Die Räume bieten eine traumhafte Kulisse für Feste aller Art.

Der erste Eindruck von der Klosteranlage in Fürstenfeldbruck ist beeindruckend: Ein 6000 Quadratmeter großes Areal mit alten, restaurierten Ökonomiegebäuden und einem modernen Neubau, einer riesigen prächtigen Barockkirche, einem kleinen Weiher und einem kleinen gemütlichen Biergarten mit Spielplatz. Eine traumhafte Kulisse für Open-Air-Konzerte – ob klassisch oder Jazz. Aber nicht nur das: auch ein wunderschönes Ambiente zum Festefeiern.

Ob mit 60 oder 800 Gästen, das ehemalige Zisterzienserkloster hat fast für jeden Wunsch den passenden Raum: Das Restaurant selbst teilt sich in zwei Bereiche: Im Kuhstall geht's zünftig zu an blanken Holztischen zwischen Kuhfellen und Dreschflegeln. Auf der anderen Seite diniert man unter Rundbögen an festlich gedeckten Tischen mit tiefroten Wänden. Außerdem gibt es eine alte Tenne mit offenem Dachstuhl, einen modernen Saal mit Bühne und Bar und einen schlichten stilvollen Saal mit roten Wänden und Dachgebälk. Auf der großen Wiese vor dem Haus finden außerdem wunderbare Glühweinempfänge, Grillabende oder lange Kuchentafeln statt.

Küchenchef Konrad Geiger glänzt mit hochwertigen Bioprodukten, die das Aushängeschild des Küchenkonzeptes sind: 95 Prozent der verwendeten Produkte sollen aus biologischem

Anschrift
Fürstenfelder
Fürstenfeld 15
82256 Fürstenfeldbruck
Tel.: 081 41/666 54 00
www.fuerstenfelder.com

Räumlichkeiten
Restaurant: 10–80 Personen
Säulensaal: 60–80 Personen
Kleiner Saal: 100–180 Personen
Tenne UG: 150–300 Personen
Tenne OG: 300–550 Personen
Tenne UG und OG: 700–800 Personen

Küche
Ausgezeichnete Bioküche; empfohlen u. a. von Aral Schlemmeratlas, Feinschmecker, Gusto, Marcellino's, Varta

Preise
Saalmiete: ab 330 Euro
Nachtzuschlag ab 1 Uhr und erhöht ab 3 Uhr

Übernachtungsmöglichkeiten
Seit Juni 2008 im Vier-Sterne-Hotel Fürstenfelder: 67 Zimmer; EZ 98 Euro, DZ 138 Euro

Sperrstunde
Keine

Sonstiges
Kirchliche Trauung im Kloster Fürstenfeld möglich; Bühne, moderne Technik, Flügel vorhanden; auf Wunsch: Klosterführung, Orgelkonzert, Improvisationstheater etc. Kinderspielplatz und Extrazimmer für Kinder vorhanden; Kinderbetreuung kann organisiert werden; Tenne im Juli und August nur eingeschränkt zu mieten

Anbau stammen, auf Fertigprodukte und künstliche Aromastoffe wird ganz verzichtet. Der gebürtige Amerikaner würzt die bodenständische bayerische Küche mit dem Geschmack der großen weiten Welt und heraus kommt Bayerisch Sushi, pikanter Meeresfrüchte-Burger mit Rum-Mayonnaise und hausgemachten Pommes oder gebeizter Wildlachs mit Kartoffelhippe und Birnen-Estragon-Sauce. Dazu gibt es das köstliche König-Ludwig-Dunkel, das hier in Fürstenfeldbruck gebraut wird.

Die Mitarbeiter vom Fürstenfelder sind Profis im Festefeiern: Egal ob eine Horde Kinder dabei ist, die Gäste gerne eine Klosterführung hätten oder die Braut plötzlich doch einen anderen Wein möchte: Auf fast alle Fragen haben sie eine Antwort – auch, für wie viel Euro eigentlich ein Durchschnitts-Hochzeitsgast trinkt. Das Gesamtpaket im Fürstenfelder stimmt – und das haben leider schon viele gemerkt. Denn wer hier feiern will, muss entweder ins Frühjahr oder in den Herbst oder Winter ausweichen – oder früh genug buchen. Ein Schnäppchen wird die Feier nicht, dafür aber ein kulinarischer Genuss in stilvollem Ambiente und mit rundherum freundlich-professioneller Betreuung.

Oben: Rustikales Ambiente und ausgezeichnetes Essen in der Tenne

Unten: Beim Blick auf die Menükarte läuft einem das Wasser im Mund zusammen

50 Schweizer Hütte im Pe. Es. Kottmeier

In einer Berghütte und doch fast in München

Schlichtes Berghüttenfeeling

Hüttenzauber inmitten eines Biergartens an der Würm. Die zweihundert Jahre alte Schweizer Berghütte wird gerne für kleine Festgesellschaften vermietet.

Direkt an der Würm, im Herzen von Planegg, liegt das Pe. Es. Kottmeier. Bereits vor 350 Jahren war an dieser Stelle eine Postkutschenstation untergebracht. Heute befinden sich dort das Wirtshaus und ein lauschiges Kastaniengärtlein mit großem Biergarten, Open-Air-Cocktailbar, runden Tischen unter einer großen Markise und einer original Almhütte. Der Wirt Peter Schweizer (Pe. Es.!) wollte seinem Namen alle Ehre machen: Vor 20 Jahren baute er eine 200 Jahre alte Berghütte aus dem Schweizer Kanton Graubünden ab und ließ sie in seinem Biergarten an der Würm wieder aufbauen. Der hintere Teil der Hütte allerdings stammt aus dem Bayerischen Wald und besteht aus Teilen einer alten Scheune aus dem Jahr 1768.

Doch die Almhütte steht hier in dem Münchner Vorort nicht einsam auf einer großen Wiese, sondern mitten im Kies des Biergartens mit Blick auf die Hauptstraße. Eine Bergidylle drumherum muss man sich also dazudenken. In der Hütte selbst vergisst man aber komplett, dass man nahe der Großstadt ist: Der enge, niedrige Raum mit schlichten Holzbänken und Tischen ist mit rot und blau karierten Vorhängen und Kissen und alten Schwarzweißfotos dekoriert. Getrocknete Maiskolben hängen von der Decke herunter und verbreiten zusammen mit den leeren Weinflaschen auf den Balken und dem Kerzenlicht über den Tischen und an der Wand eine gemütliche und unvergessliche Stimmung – zünftig, fröhlich und entspannt wie in einer Wander- oder Skihütte. Die Hütte

■ **Anschrift**
Pe. Es. Kottmeier
Bräuhausstr. 18
82152 Planegg
Tel.: 089/89 93 00 30
www.pe-es.de

■ **Räumlichkeiten**
Hütte: bis 50 Personen
Biergarten: bis 300 Personen
Bistro: bis 80 Personen

■ **Küche**
Mediterrane Küche

■ **Preise**
Keine Miete oder Mindestumsatz bei Verzehr

■ **Übernachtungsmöglichkeiten**
Keine, mehrere Hotels und Pensionen in Fußnähe

■ **Sperrstunde**
1 Uhr; Sperrfristaufhebung gegen Gebühr bis 3 Uhr

■ **Sonstiges**
Mischpult in der Hütte vorhanden

Gemütliche Stube für kleine Familienfeste, Partys oder Weihnachtsfeiern

wird gern für Geburtstagsfeste, Weihnachtsfeiern oder auch für Feiern nach der standesamtlichen Trauung gemietet.
Auf den Tisch kommt gute bayerische Kost wie die viel gelobte Tafelspitzbrühe mit Weißwurstbrätnockerl oder eine halbe Ente im Eisenpfanderl mit Reiberdatschi und Blaukraut. Wer lieber ein typisches Hüttenessen möchte, bekommt Kaiserschmarrn oder Fondue. Für Essen und Getränke muss man mit rund 50 Euro pro Person rechnen, dafür gibt es die Hütte aber umsonst. »Der Service war spitze und vom Essen schwärmen unsere Gäste noch heute«, erzählt ein Geburtstagsgast. Noch ein Schmankerl hat die Hütte obendrein – eine Stereoanlage für zünftige Musi oder rockige Rhythmen.
Eine ganz besondere Stimmung herrscht hier im Winter: Vor der Hütte wird ein Zelt aufgebaut, es gibt Glühwein, Punsch, heiße Maroni und Griebenschmalzbrote – alles inmitten eines kleinen Tannenwaldes: Denn in der Vorweihnachtszeit werden auf dem Gelände Christbäume verkauft.

Nachfolgende Doppelseite: Erfrischend kühle Bowle für die Gäste

Weitere empfehlenswerte Locations

Stadt München

Asam-Schlössl

Maria-Einsiedel-Str. 45
81379 München
Tel.: 089/723 63 73
www.asamschloessl.de
Beliebte Location bei Familien und Romantikern. Der fast 400 Jahre alte Landsitz hat Räumlichkeiten mit wunderschönen barocken Fresken.

BMW Welt

Petuelring 130
80809 München
Tel.: 089/358 27 49 17
www.bmw-welt.com
Technik und Thunfisch. Im spektakulären Erlebnis- und Auslieferungszentrum von BMW gibt es zwei Restaurants, in denen auch Empfänge, Bankette und Seminare stattfinden können.

Café Reitschule

Königinstr. 34
80802 München
Tel.: 089/388 87 60
www.cafe-reitschule.de
Szenige und große Location am Englischen Garten – mit Lounge und vielen Terrassen. Hier steigen große Firmenpartys und kleine Mittagessen nach dem Standesamt.

Daily

Mies-van-der-Rohe-Str. 4
80807 München
Tel.: 089/306 58 98 28
www.daily-highlight.de
Knalliges Pink an der Wand, spacige Lampen und offene Küche – das Daily ist der neue Szenetreff in Schwabing für urbane und schicke Menschen.

Eisernes Haus

Schloss Nymphenburg, Eingang 19
80638 München
Tel.: 089/17 90 86 54
www.schloesser.bayern.de/deutsch/raeume/objekte/nym_eis.htm
Exotisches Feeling und traumhafte Lage: Das historische Gewächshaus liegt im Nymphenburger Schlosspark und ist für kleinere Feiern bis 60 Personen geeignet.

Freiheizhalle

Rainer-Werner-Fassbinder-Platz 1
80636 München
www.freiheiz.com
Das alte Heizkraftwerk an der Donnersberger Brücke mit seinem markanten roten Schornstein versprüht noch heute alten Charme – Veranstaltungen bis 400 Personen möglich.

Künstlerhaus München

Lenbachplatz 8
80333 München
Tel.: 089/599 18 40
www.kuenstlerhaus-muc.de
Historisches Gebäude mit großem Festsaal und vornehmen Räumen direkt am Karlsplatz in München. Das Restaurant Lutter & Wegner von nebenan übernimmt das Catering.

Reithalle München

Heßstr. 132
80797 München
Tel.: 089/12 16 23 70
www.reithalle-muenchen.de
Die Reithalle liegt südlich des Olympiageländes, zwischen Schwabing und Neuhausen – ein multifunktionaler Raum für Präsentationen, Shows, Messen und Galas.

Sankt Emmeramsmühle
St. Emmeram 41
81925 München
Tel.: 089/95 39 71
www.emmeramsmuehle.de
Eine Bilderbuch-Biergarten-Wirtschaft im Münchner Norden. Schick und idyllisch, umgeben von grünen Wiesen.

Seestadl im Englischen Garten
Verwaltung des Englischen Gartens München
Englischer Garten 2
80538 München
Tel.: 089/38 66 63 90
www.schloesser.bayern.de/deutsch/raeume/objekte/mu_e_see.htm
Tolles Gebäude mitten im Englischen Garten, vor allem im Sommer kann man die großen Tore nach allen Seiten öffnen, draußen grillen und laut feiern.

Tierpark Hellabrunn
Tierparkstr. 30
81543 München
Tel.: 089/62 50 87 18
www.tierpark-hellabrunn.de
Was für eine Gesellschaft: Im Tierpark Hellabrunn können Sie mit Elefanten, Giraffen und Pinselohrschweinen feiern – oder im Dschungelzelt, Urwaldhaus oder Affenhaus. Eine außergewöhnliche Location für Firmen und Privatleute.

Waldheim
Waldheim 1
81377 München
Tel.: 089/71 60 65
www.waldheim.de
Ein Biergarten und Veranstaltungshaus in einer grünen Oase zwischen Bäumen beim Forstenrieder Park. Gefeiert wird im großen Festsaal oder draußen in der Partybox.

Norden

Alte Gutsscheune
Golfpark Gut Häusern
Häusern 2
85229 Markt Indersdorf
Tel.: 081 39/99 51 33
Die Alte Gutsscheune steht auf dem Gelände eines Golfparks und wurde in ein vornehmes Clubhaus-Restaurant umgebaut. Der Raum ist wunderbar hell und mediterran eingerichtet. Gute Küche.

Arnhofer Stadl
86570 Inchenhofen
Tel.: 082 57/12 10
www.arnhofer-stadl.de
Großer, schöner Hof mit riesiger Tenne, Matratzenlager und kleiner Kapelle. Sehr nette, unkomplizierte Leute.

Flugwerft Schleißheim
Effnerstr. 18
85764 Oberschleißheim
Tel.: 089/315 71 40
www.deutsches-museum/flugwerft/
Für Technikbegeisterte: Flugwerft und Flugplatz Schleißheim gehören zu den ältesten Flugplatzanlagen Deutschlands. Zwischen den Ausstellungsstücken können Veranstaltungen nach 17 Uhr stattfinden.

Landgasthof Brummer
Indersdorfer Str. 51 Großinzemoos
85244 Röhrmoos
Tel.: 081 39/72 70
www.landgasthof-brummer.de
Schöner ländlicher Gasthof mit großem Festsaal und guter bayerischer Küche.

Hotel Gutsgasthof Stangl
Münchener Str. 1
85646 Neufarn b. Anzing

Tel.: 089/90 50 10
www.hotel-stangl.de
Prächtiges Gasthaus mit edelbayerischem Flair. In den liebevoll eingerichteten Stuben, im romantischen Garten und Hof wird gerne gefeiert und ausgezeichnetes Essen serviert.

Hörger Biohotel Tafernwirtschaft

Familie Hörger
Hohenbercha 38
85402 Kranzberg
Tel.: 08166/99 09 80
www.hoerger-biohotel.de
Unterm Apfelbaum oder in gemütlichen Gaststuben gibt es bayerische Bio-Schmankerl. Übernachten kann man im 2006 erbauten, wunderschönen Vollholz-Biohotel. Sehr freundliche, junge Wirtsleute.

MACE

Betastr. 10 E
D-85774 Unterföhring
Tel.: 089/255 51 52 52
www.mace-restaurant.de
Hippe, futuristische Location im New Yorker Loft-Stil für Konferenzen, Mode-Events oder Firmenpartys. Die kreativen Münchner Caterer »Speisesyndikat« haben hier ihr eigenes Restaurant eröffnet und servieren das Buffet auf Tomatendosen oder in einer Sandburg.

Schloss Dachau

Schlossstr. 7
85221 Dachau
Tel.: 08131/879 23
www.cafe-restaurant-schloss-dachau.de
Im Schloss Dachau gibt es einen prunkvollen großen Festsaal mit wunderschöner Renaissance-Holzdecke und weitere historische und intime Räume – immer mit Blick in den herrlichen Schlossgarten.

Osten

Gut Immling

83128 Halfing
Tel.: 08055/903 40
www.gut-immling.de
Auf dem Gelände des idyllischen Reitguts finden Opernfestivals, große Firmenevents und tolle Kinderprogramme statt.

Hofgut Hafnerleiten

Brunndobl 16
84364 Bad Birnbach
Tel.: 08563/915 11
www.hofgut.info
Ein traumhafter Ort für verliebte Herzen: Die kleinen Häuser sind mit dem deutschen Architektenpreis ausgezeichnet, Küche mediterran.

Süden

Berghof Hofer

Berghof 112
83734 Agatharied
Tel.: 08025/14 88
Schön gelegener, einfacher Bauernhof auf einem Hügel mit tollem Blick. Ungezwungen feiert es sich im Stadl. Sehr nette Gastgeber.

Chiemgau Hof

Julius-Exter-Promenade 21
83236 Übersee
Tel.: 08642/898 70
www.chiemgauhof.com
Bar mit eigenem Badestrand. Zwei kleinere Festsäle und ein großer Veranstaltungsraum mit direktem Seezugang.

Das Kranzbach

Kranzbach 1
D-82494 Krün bei Garmisch-Partenkirchen

Tel.: 088 23/92 80 00,
www.daskranzbach.de
Sensationell extravagantes Wellness-Hotel am Fuße der Zugspitze – für kleine Incentives, Geburtstagsfeiern und Verwöhnwochenenden.

Die Alte Gärtnerei

Tegernseer Landstr. 129
82024 Taufkirchen
Tel.: 089/614 84 84
www.die-alte-gaertnerei.de
Duftende Rosen, romantische Gärten, kleine Springbrunnen und im Winter ein knisterndes Kaminfeuer: In den Glashäusern einer alten Gärtnerei lässt es sich stilvoll feiern.

Forsthaus Ilkahöhe

82327 Tutzing
Tel.: 081 58/82 42
www.ilkahoehe.de
Herrliche Lage und grandiose Aussicht über den Starnberger See: Das Forsthaus ist ein feinbürgerliches Restaurant mit schönem Wintergarten für die kühle Jahreszeit.

Golfhotel Kaiserin Elisabeth

Tutzinger Str. 2
82340 Feldafing
Tel.: 08157/930 90
www.kaiserin-elisabeth.de
Ein liebenswürdiges, etwas altmodisch erscheinendes Hotel mit traumhaftem Blick auf den Starnberger See. Sissi machte hier alljährlich Urlaub.

Holzwirt

Am Holz 22
83623 Ascholding
Tel.: 08171/783 66
www.holzwirt-ascholding.de
Ein klassisch bayerisches Wirtshaus mit Kegelbahn, das einsam zwischen Wiesen und Wäldern liegt und einen großen Festsaal.

Maiwerts Fährhütte

Ringseebad 1
83700 Rottach-Egern
Tel.: 08022/18 82 20
www.maiwertsfaehrhuette.de
Nicht einfach nur eine Hütte mit eigenem Badestrand und Wiese am Tegernsee, sondern ein Restaurant mit mehrfach ausgezeichneter Küche im Landhausstil.

Schloss Elmau

82493 Elmau/Oberbayern
Tel.: 08823/181 61
www.schloss-elmau.de
Ein echtes Juwel in Bayern zwischen Garmisch-Partenkirchen und Mittenwald gelegen. In dem einsamen Luxushotel können nur wenige private Feste stattfinden.

Westen

Hotel Sonnenhof

Ammerseestr. 1
86919 Holzhausen am Ammersee
Tel.: 08806/923 30
www.sonnenhof-hotel.de
Feiern in einer alten Bootshalle mit Bühne und Bar. Das wunderschöne Standesamt im Künstlerhaus Gasteiger ist nur knappe zehn Minuten entfernt.

Tiefstollenhalle Peißenberg

Tiefstollen 1
82380 Peißenberg,
Tel.: 088 03/63 23 03,
www.kulturverein-peissenberg.de
Früher hat das Bergwerk Peißenberg diese Halle für seine Maschinen genutzt. Heute ist es ein günstiger, schöner Veranstaltungsort mit großer Bühne und viel Flair.

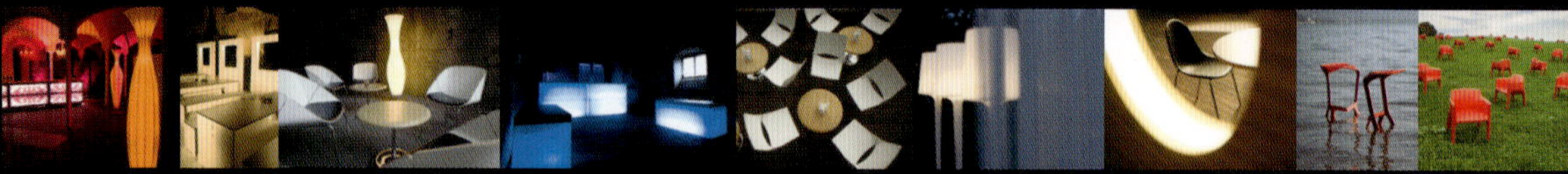

Stichwortregister

Direkt am See

Bioküche

Feste Bühne

Kinderfreundlich (Spielplatz, Kinderbetreuung oder Tiere)

Große Hochzeiten (mehr als 120 Pers.)

Gourmetküche

In den Bergen

Kapelle oder Kirche vor Ort

Keine Miete und kein Mindestumsatz

Kleine Familienfeiern (bis 40 Pers.)

Mit Caterer

Mit Übernachtungsmöglichkeiten (mehr als 15 Betten)

Modernes szeniges Ambiente

Standesamt vor Ort

Trauung im Freien möglich

Orts- und Sachregister

Bildnachweis

Alle Bilder im Innenteil und auf dem Umschlag stammen von der Autorin Verena Reiner, außer S. 3, 116/117, 122, 123 o., 132 Fürstelfelder, Fürstenfeldbruck; S. 9 Benjamin Gerlach, München; S. 10, 11, 42, 43 o. und u. Aktionsforum Praterinsel, München; S. 14/15, 34, 35 Lenbach, München; S. 16 Hotel Langwieder See, München; S. 24 Bayerische Schlösserverwaltung, Fotograf: Herr Christoph Strasser, München; S. 25 o. und u. Bayerische Schlösserverwaltung, Fotograf: Herr Alfred Müller, München; S. 36, 37 Akademischer Gesangverein München e.V., München; S. 38 Vinorant Alter Hof, München; S. 40, 41 o. und u. Thomas Klinger, München; S. 44, 45 Wirtshaus in der Au, München; S. 49 Frank Maria Wiedenmann, München; S. 50/51, 55 o. Gerhard Rossmeissl, Neuried; S. 52, 53 o. und u. Gut Sedlbrunn, Pöttmes; S. 56 Klaus Thermer, Kranzbach: S. 58, 59 Dr. Hannes Blankenfeld, München; S. 60/61, 66, 67 Ideen und Party GmbH, München; S. 62 Mairot, Dorfen; S. 68, 69 u. Gut Sonnenhausen, Glonn; S. 71 o. Herrmannsdorfer Landwerkstätten, Glonn; S. 73 Hermann Weil, Glonn; S. 74 F. Moser, Amerang; S. 75 Schloss Amerang, Amerang; S. 77 Eva Hoch, München; S. 80, 81 u. SonnenAlm, Aschau im Chiemgau; S. 82/83, 92, 93 o. und u. Leeberghof, Tegernsee; S. 84, 85 Speck-Alm, Bayrischzell; S. 86, 87 Sillberghaus, Bayrischzell; S. 88, 89 o. und u. Hasenöhrl, Bayrischzell; S. 94, 95 o. und u., 96 o. und u., 97 Bayerische Seenschifffahrt, Schönau; S. 98, 99 Freihaus Brenner, Bad Wiessee; S. 102, 103 Josef Geisberger jun., München; S. 104, 105 o. und u. Schlossgut Oberambach, Münsing; S. 106, 107 Marstall am See, Berg; S. 110,111 La Villa, Niederpöcking; S. 113 o. Stefan Braun Photostudio, München; S. 118, 119 Kloster Andechs, Andechs; S. 120, 121, 136 u. Paul Schneider, Stegen

Ausflüge in Bayern

ISBN 978-3-7658-4230-6

ISBN 978-3-7658-4126-2

ISBN 978-3-7658-4133-0

Das komplette Programm unter
www.j-berg-verlag.de

J. BERG

Impressum

Unser komplettes Programm:

www.j-berg-verlag.de

Produktmanagement: Carina Jungchen
Textlektorat: Margit Brand, München
Layout: Werner Poll, Putzbrunn
Repro: Cromika s.a.s., Verona
Umschlaggestaltung: Thomas Fischer
unter Verwendung eines Fotos von Verena Reiner
Kartografie: Achim Norweg, München
Herstellung: Thomas Fischer
Printed in Italy by Printer Trento S.r.l.

Für Hinweise und Anregungen sind wir jederzeit dankbar.
Bitte richten Sie diese an:
J. Berg Verlag in der C. J. Bucher Verlag GmbH
Produktmanagement
Postfach 40 02 09
D-80702 München
E-Mail: lektorat@j-berg-verlag.de

Ein Titelsatz für diese Publikation ist bei der Deutschen Nationalbibliothek erhältlich.

ISBN 978-3-7658-4123-1